科技金融创新

案例集萃

杨宜 肖文东◎主编

北京大学出版社
PEKING UNIVERSITY PRESS

图书在版编目(CIP)数据

科技金融创新案例集萃/杨宜,肖文东主编.—北京:北京大学出版社,2019.8
ISBN 978-7-301-30576-8

Ⅰ.①科… Ⅱ.①杨… ②肖… Ⅲ.①科学技术—应用—金融改革—研究—中国 Ⅳ.①F832.1

中国版本图书馆CIP数据核字(2019)第133447号

书　　名	科技金融创新案例集萃 KEJI JINRONG CHUANGXIN ANLI JICUI
著作责任者	杨　宜　肖文东　主编
责任编辑	黄炜婷
标准书号	ISBN 978-7-301-30576-8
出版发行	北京大学出版社
地　　址	北京市海淀区成府路205号　100871
网　　址	http://www.pup.cn
微信公众号	北京大学经管书苑(pupembook)
电子信箱	em@pup.cn　　QQ:552063295
电　　话	邮购部010-62752015　发行部010-62750672 编辑部010-62752926
印 刷 者	三河市博文印刷有限公司
经 销 者	新华书店
	730毫米×1020毫米　16开本　15印张　208千字 2019年8月第1版　2019年8月第1次印刷
定　　价	45.00元

前　言

金融对科技创新起支撑作用已成为国内外众多学者的共识:稳定高效的金融系统将提供信息、激励、风险管理及跨期转移等金融资源配置服务,从而有效解决科技创新所面临的问题,促进科技创新稳定、持续地发展。金融机构积极践行“科技金融全程服务”理念,服务科技型中小微企业在初创期、成长期、成熟期等各阶段的金融需求,为推动实体经济发展发挥积极作用。近年来,兼具动态性、开放性、系统性和非中心化的科技金融网络已成为金融支持科技型中小微企业发展的重要形式,网络中高科技企业、银行等信贷类机构、创业投资公司等投资类机构、评估担保等担保类机构、资本市场、政府主管部门及科技园区等主要节点之间的博弈关系值得研究与探讨。

北京联合大学金融学专业是国家级特色专业建设点,中小企业金融服务是本校金融学专业的特色方向之一。本书是在多位专业教师授课案例的基础上编写而成,同时也是北京联合大学 2017 年度教育教学研究与改革重点项目“科技金融研究成果转化成中小企业金融服务教学资源的研究与实践”(JJ2017Z005)的阶段性研究成果。书稿的完成也凝结了杨宜教授主持的北京市长城学者培养计划“科技金融网络演化对科技型企业竞争优势的影响”的研究成果,并得到了该研究项目的经费资助。本书适用于金融学、工商管理、财务管理等经管类专业的本科生和研究生,也可供高校教师、金融机构从业人员和中小企业经营者学习借鉴。

本书由北京联合大学杨宜教授、北京联合大学管理学院肖文东博士担任主编，北京联合大学商务学院和管理学院部分专业教师参与编写工作。具体分工如下：张峰撰写第1、2个案例，徐鲲撰写第3、4、20个案例，肖文东撰写第5、6个案例，李雅宁撰写第7、8、17个案例，赵睿撰写第9、10、19个案例，严鸿雁撰写第11、12、18个案例，谢博婕撰写第13、21个案例，刘微撰写第14、15、16个案例。最后，肖文东负责全书的统稿、校对和编辑工作。

在本书编校和出版的过程中，承蒙北京大学出版社徐冰女士和黄炜婷编辑的大力支持，在此，诚致谢忱！

书中不当之处，敬请广大读者批评指正。

编　者

2019年5月

| 目录 |
Contents

1 轻资产科技型企业融资机制创新

摘要

企业的轻资产是相对于固定资产、存货等需要大额资金投入的重资产而言的，主要包括企业品牌、人力资本、企业文化、企业经验与管理水平等无形资产。轻资产企业主要依靠技术、设计、策划、创造、创意、品牌、商业模式及人力资本等赢利。轻资产企业运营模式的主要特征在于企业一般不进行大规模的固定资产投资，而是集中优势专注于自身研发能力、营销能力和终端渠道销售等价值链中高附加值环节的开发。

轻资产企业的融资渠道可以分为外部融资与内部融资两类。初创期的轻资产企业，往往因自身实力不足以及融资体系的不健全而导致外部融资较为困难。一方面，目前我国商业银行在贯彻执行“三性”(安全性、流动性、盈利性)原则的贷款政策时，主要还是以信贷审批和抵押担保为主。轻资产企业最主要的特征是企业资产形态“轻”和资产投入少，在办理银行抵押贷款的过程中，有效的抵押资产规模小，难以获得高额抵押贷款。另一方面，虽然理论上中小企业可以通过中小板和创业板直接融资，但事实上能够在中小板和创业板上市只是少数已经处于成长期的优质企业。因此，对于处于初创期、融资难突出的轻资产企业来说，上市直接融资的门槛显然很高。

1.1 案例背景介绍

A 科技有限公司于2006年6月成立,注册资金1 159万元,是以3S(RS/GIS/GPS)[①]技术及无线视频监控技术为核心,专注于社会公共安全产品研发及应用的高新技术企业和"双软"企业[②]。公司主要产品有车载式移动视频监控终端、一体式移动视频监控终端、便携式移动视频监控终端、固定式移动视频监控终端、3G 警务无人机,以及基于地理信息系统的视频监控指挥和应急联动平台。公司主要接受政府相关部门的订单,包括公安部门、城管局、交通局等。公司通过了 ISO 27001、ISO 9001 及 CMMI 国际认证,是当地首批创业型先锋企业、领军人才创新型企业。

公司是国内3G无线视频监控行业的领军者,拥有研发和生产场地,总建筑面积达3 850平方米。公司长期与国内学科排名领先的著名高校和院所合作,以确保先进技术与实际需求的高度融合。目前,公司拥有授权专利15项、软件著作权3项、在申请专利5项;2012年销售收入达4 447万元,2013年销售收入达8 000万元左右。

1.2 企业融资机制分析

1. 公司资产特征

图1-1和表1-1列示了A科技有限公司2010—2012年的主要资产状况。从中不难看出,其资产结构特征是流动资产占公司总资产比重较大。2010年,流动资产占公司总资产的比重为94.95%,非流动资产占公司总资产的比重仅为5.05%;2011年,公司购置一项固定资产,非流动资产占公司总资产的比重增至21.51%;2012年,公司流动资产和非流动资产占公司总资

① 3S指遥感技术(Remote Sensing,RS)、地理信息系统(Geography information Systems,GIS)和全球定位系统(Global Positioning Systems,GPS)。

② "双软"企业是指经过"双软"认定的企业。"双软"即软件企业认定和软件产品登记。

产的比重分别为62.53%和37.47%。从表1-1的公司详细资产状况可以发现，公司流动资产以货币资金、应收账款和存货为主。2011年和2012年公司账面上货币资金分别约为448万元和375万元。高额的现金储备为公司内部融资及防范风险提供了保障，这也是轻资产企业的一般特征。公司应收账款在2010年、2011年和2012年分别约为641万元、5 167万元和2 198万元。公司的主要订单来自政府相关部门，应收账款占总资产的比重较大。公司2010年和2011年分别承担了政府相关部门的重大项目，因此2011年和2012年应收账款账面价值增长较快。存货在总资产中也占有一定的比重，2010年、2011年和2012年分别约为447万元、637万元和352万元。从非流动资产来看，无形资产价值较小。①

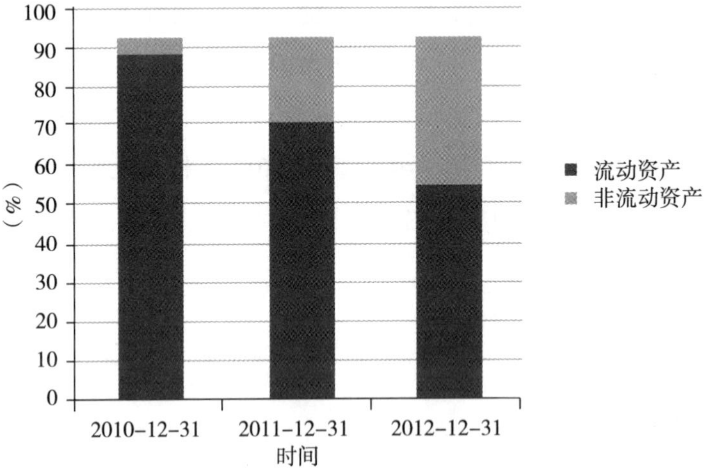

图1-1　A科技有限公司资产

表1-1　　公司主要资产　　　　单位：元

时间 / 主要资产	2010-12-31	2011-12-31	2012-12-31
货币资金	366 185.00	4 482 866.29	3 748 670.20
应收票据	300 000.00	—	—

① 非流动资产=固定资产+无形资产，非流动资产占比=$\frac{\text{非流动资产}}{\text{资产总额}}$。

（续表）

时间 主要资产	2010-12-31	2011-12-31	2012-12-31
应收账款	6 409 692.12	51 673 641.71	21 976 098.75
预付账款	643 500.40	3 618 090.35	996 985.70
存货	4 465 579.67	6 373 083.95	3 518 058.55
固定资产	641 953.21	24 213 041.17	18 117 836.48
无形资产	5 825.35	—	4 369.15

2. 公司融资渠道

从公司2010—2012年主要资产状况可以看出，经历了初创期的A科技公司已经成长为一家具备一定规模的中小型轻资产企业。自公司注册成立至2009年，A科技公司的融资渠道可以归结为：①初创期的主要资金来自创始人自有资金，以及通过个人社会信誉建立的社会资本网络筹集的资金。首先，创始人自身前期资金的累积和通过亲朋关系共筹集资金几百万元。其次，公司积极申请省内各项科技基金的支持，但资金有限。其中，500万元贷款是区政府通过高新技术担保公司降低了公司担保费用（创始人以价值120万元的别墅作为反担保）而获得的，对公司的创立起到了重要作用。②以公司专利为基础，通过订单申请银行贷款。公司在注册成立之前已经拥有3项专利，并且公司主要订单来自政府相关部门。工商银行依据创新政策，基于公司专利和其他资产形成资产组合的方式，从而同意发放贷款。公司并未直接以知识产权进行质押融资，关键原因在于公司专利等无形资产价值难以评估，而公司2010—2012年的无形资产账面价值不足1万元。实际上，这些专利技术是公司核心竞争力的主要来源。

表1-2为公司2010—2012年主要负债和所有者权益状况，表1-3为公司2010—2012年主要资金来源。公司主要与债权人签订短期融资协议，没有长期债券和其他债权融资，因此表1-2主要是公司流动负债状况。其中，2010年短期借款依然是外部融资的主要渠道；当然，应付票据、应付账款和其他应付款等无息负债也缓解了公司的资金压力。从图1-2公司资本结构

来看,2010年资产负债率为65.69%。2010年之前公司还处于亏损状态,自有资金不足,外部创业风险投资还未进入,导致公司资产负债率较高。2011年公司开始盈利,当年的未分配利润为1 261万元,并且有2家风险投资机构进入公司,当年的资产负债率降为18.92%。表1-3显示,2011年销售商品、提供劳务的收入相比2010年大幅增长,成为内部资金的主要来源。公司从银行获得3 080万元贷款、借款的同时,创业风险投资入股2 250万元,这都使得公司资产负债率下降。2012年公司资产负债率为30.73%,延续了2011年的盈利势头,内部资金来源增至2 190万元,并分别获得1 710万元的银行贷款和500万元的投资款。

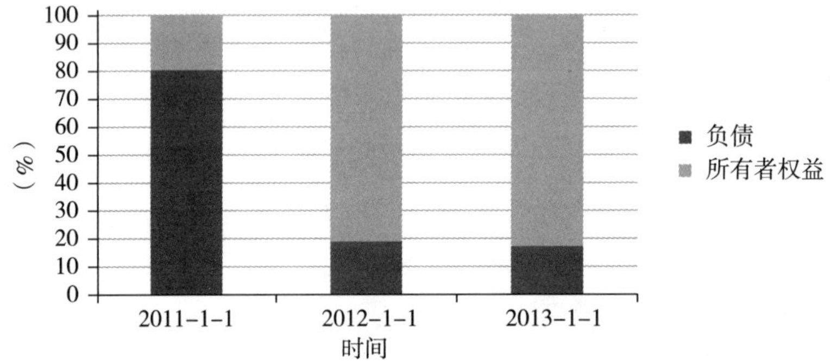

时间	2011-1-1	2012-1-1	2013-1-1
负债	30 644 325.04	10 523 345.90	14 364 172.36
所有者权益	7 508 380.88	45 106 842.59	69 069 931.90

图1-2 A科技有限公司资本结构

表1-2 公司主要负债和所有者权益 单位:元

项目	2010-12-31	2011-12-31	2012-12-31
短期借款	14 500 000.00	8 000 000.00	8 000 000.00
应付票据	3 701 000.00	50 000.00	4 444 150.00
应付账款	435 9375.47	600 631.47	1 089 702.77
预收账款	166 150.00	205 000.00	145 000.00
应付职工薪酬	—	108 000.00	81 841.00
应交税费	5 594 173.54	1 266 707.01	358 502.56

（续表）

项目	2010-12-31	2011-12-31	2012-12-31
其他应付款	2 323 626.03	293 007.42	244 976.03
实收资本(或股本)	10 000 000.00	11 111 111.00	11 358 025.00
资本公积金	—	21 388 889.00	26 141 975.00
未分配利润	-2 491 619.12	12 606 842.59	31 569 931.90

表 1-3 公司主要资金来源 单位:万元

项目	2010-12-31	2011-12-31	2012-12-31
销售商品、提供劳务的收入	954	1 643	1 904
税费返还	—	214	284
其他(废品处理等)	—	1	2
内部资金来源小计	954	1 858	2 190
银行贷款、借款	800	3 080	1 710
投资款	—	2 250	500
其他(贴息、财政奖励、科技拨款等)	10	16	158
外部资金来源小计	810	5 346	2 368

此阶段公司融资的主要特征有以下几方面:①直接的政府资助(包括贴息、财政奖励、科技拨款等)非常有限,表 1-3 中公司 2010 年获得的政府资助只有 10 万元。在公司初创期,政府的相关扶持政策至关重要。鉴于我国是以银行为主的间接融资体系,应当设法让银行向有前景的企业放贷。对于中小企业的融资而言,政府扶持政策不仅要起到引导作用,更要发挥杠杆作用,让中小企业获得更多的银行贷款。此外,税收优惠也成为公司盈利期间的内部资金来源之一。2011 年和 2012 年 A 科技公司分别有 214 万元和 284 万元的税费返还。②在公司盈利状况有所改善之后,风险投资开始进入,各大银行也相应地随之跟进。从 2011 年和 2012 年外部资金来源可以看出,外部投资款的增加也相应地带动了银行贷款,这说明风险投资与银行均不愿意为风险较大的初创期轻资产企业提供资金支持。实际上,在盈利状况改善之后,公司已基本摆脱了前期资金紧张的困境,这时的资金需求主要

是为公司的快速成长提供资金支持。公司2011年之后销售收入和资产规模都有所扩大,也说明风险投资为轻资产科技型企业的快速成长提供了支持。风险投资的进入带动了银行贷款的增加,这是在成长期较好的融资方式。③除了银行贷款、风险投资,公司缺乏其他融资方式。公司负债结构中没有非流动负债,例如长期借款、应付债券、长期应付款、专项应付款等。公司通过债券发行、租赁和其他金融工具融资比较困难,这与我国当前的金融体系和资本市场现状有关。私募债券市场的发展以及其他金融工具的创新不仅能够为中小企业提供多元化的融资渠道,还能够合理地配置公司的债务和权益资本,可以有效地降低公司的融资成本和财务风险。

1.3 轻资产企业的融资机制创新之路

1. 政府政策支持

轻资产企业融资过程中出现的供需矛盾不能仅依靠市场来解决,还需要政府介入市场以缓解轻资产企业的融资困境。目前,国家和地方政府通过多种专项基金直接对高科技轻资产企业给予资助,相当于政府直接提供资金以缓解企业的融资困境。但是,国家和地方科技创新基金、地方财政专项基金等只能为初创期的轻资产企业提供有限的资金,未能有效发挥政府基金资助的杠杆作用。政府财政性资金不仅要能起到引导作用,更重要的还在于能增强企业自身的融资能力。对于科技型轻资产企业而言,目前政府基金资助包括科技型中小企业技术创新基金和科技型中小企业信用担保基金。技术创新基金对中小企业的直接资助目前来看只是杯水车薪。对于我国主要以银行为金融中介的融资体系来说,解决轻资产企业融资困境的途径主要还在于如何获得银行贷款。信用担保基金为轻资产企业向银行抵押贷款提供了信用担保,能够放大政府专项基金资助的功能,并且可以引导其他基金为轻资产企业融资提供服务。信用担保基金可以通过以下几种途径为轻资产企业提供融资服务:一是政府以财政资本出资建立信用担保体系，由政府相关部门或成立专门的信用担保机构为不具备银行抵押贷款条件的企业提供信用担保。政府信用担保机构不以盈利为目的，主要为具发展潜力的企业提供服务。二是政府以财政资本出资建立信用担保公司，吸引其他资金进入担保公司开展市场化运作。这一方面可以扩大信用担保体系规模，另一方面可以有效规避市场风险、提供高效服务、完善社会担保体系。三是政府提供资金和政策等方面的支持，完全引入社会资金建立、健全社会信用担保体系。目前，我国的中小企业担保模式主要有信用担保、互助担保和商业担保三种。其中，信用担保机构是担保体系中最重要的组成，基于政府信用担保基金等多种渠道的资金设立具有独立法人资格的担保机构，归属于不以盈利为目的的政策性非金融机构。当前，以政府为主导的信用担保体系还要积极发展多种形式和模式。针对互助担保和商业担保模式起步较晚、发展缓慢的现状，我国还必须加大政府财政资金的投入和政策支持的力度，并引导社会其他资本进入。

2. 金融服务创新

（1）知识产权质押

轻资产企业的主要特征是资产形态“轻”，企业更注重打造自身软实力。因此，企业专利、技术、著作权、品牌等无形资产和知识产权是企业获取高利润的重要源泉，也是企业的核心竞争力。针对轻资产企业及高新技术企业的特征，我国商业银行的贷款政策应有所创新，例如以企业核心知识产权为质押标的物向银行申请贷款可以解决轻资产企业无资产抵押的融资困境。目前，知识产权质押融资的基本流程是：企业向银行提出知识产权质押贷款申请，提交知识产权相关的证明材料以及能证明企业知识产权潜在价值的信息；银行审查申请材料，还可能需要实地调查企业经营状况以及知识产权的可行性和先进性；根据对企业知识产权的评估和专家论证，银行根据实际情况确定是否发放贷款或者是否需要引入担保；企业将知识产权进行质押登记，并向银行交付质押物以获得最终贷款。目前知识产权质押融资运作的关键问题在于：知识产权价值如何评估以及企业到期无法偿还贷款时知识产权质押物的处置。由于知识产权的无形资产特性,目前评估其合理价值存在较大的困难。国家应当完善各类知识产权评估制度与准则,提高评估人员的专业素质,规范评估机构的评估程序,为知识产权价值评估提供保障。此外,国内技术产权交易在 2000 年左右才开始,技术产权交易市场不仅要有法律法规的保障,还要在技术、交易模式、交易方式等方面有所创新。

(2) 订单融资业务

订单反映了企业产品的市场需求状况,也是企业营业收入的根本来源。面对中小企业存在有订单无资金的困境,利用订单开展融资的创新模式有助于解决中小企业的资金困境。订单融资是指企业在获得信誉良好的买方的产品订单时,在企业生产有能力、技术有保障且能提供有效担保的情况下,利用与买方签订的订单或购货合同向银行申请专项贷款的业务。订单融资的主要业务流程是:企业与买方签订购销合同取得购货订单,凭购销合同和购货订单向银行提出贷款申请;银行审核确认购销合同和购货订单的真实性及有效性,以此确定相应的授信额度。实践上,授信额度不会超过购货订单额的 70%。在同意放贷后,银行与企业签订订单融资合同以及可能的相关担保合同,并开立销售结算专用账户。

为了控制风险,银行可能规定贷款的用途,以及在买方支付订单货款时直接从专用账户中扣还贷款。订单融资在国际贸易中的应用较为广泛,目前在物流企业中也开始开展订单融资业务。订单融资无需任何抵押物或质押物,中小企业若能获得真实的购货订单和购销合同,无疑可以通过这种方式解决资金短缺的燃眉之急。由于订单不采用信用证结算方式,无法进行信用证融资,因此在订单融资过程中,银行倾向于接受政府、上市公司、外资企业或银行信用度较好公司的订单以保证订单的真实性。订单融资作为一种创新型金融产品,目前多家银行已经开展相关业务,有必要在中小企业中继续推广,以缓解中小企业有订单无资金的困境。

3. 私募债券融资

私募债券是以少数特定的投资者为对象而发行的债券。与公募债券相比，虽然私募债券不能在证券市场上交易，但对发行者的门槛要求相对较低、发行手续相对简单、发行成本也相对较低。2012 年 5 月 22 日，上海、深圳证券交易所正式发布了《中小企业私募债券业务试点办法》及其试点业务指南，解决了中小企业难以在资本市场上发行债券的融资难题。

中小企业私募债券是指中小企业在中国境内以非公开方式发行和转让的、约定在一定期限内还本付息的公司债券。发行主体包括《中小企业划型标准规定》中界定的未上市中小企业（暂不包括房地产企业和金融企业），对发行人没有净资产和盈利能力的门槛要求，发行规模一般不超过企业净资产，对债券募集资金无特殊的限制，对担保和评级也未做硬性规定。中小企业私募债券实行交易所备案发行制，备案材料核对完备的，自受理材料之日起 10 个工作日内出具《接受备案通知书》，发行人和承销商即可开始债券发行工作。

当前，银行信贷依然是中小企业外部融资的主要来源，《中小企业私募债券业务试点办法》的实施为中小企业外部直接融资提供了便利，拓宽了中小企业的外部融资渠道。但是，我国中小企业私募债券发展尚处于初级阶段，已完成发行的债券数量少，募集的资金规模也小。从当前的私募债券产品来看，发行规模在 1 亿元左右，票面利率在 10%左右，投资门槛在 100 万元以上。对于一般的中小企业来说，利用私募债券方式融资还存在一定的困难，不仅企业规模难以达到潜在要求，融资成本较高也让一般的中小企业望洋兴叹，这主要是因为中小企业私募债券属于高风险、高收益品种。所以，只有增强私募债券信用评级、降低融资风险和成本，才可以让更多的中小企业实现私募债券融资。

4. 夹层融资工具

实际上，我们对夹层融资并不陌生，主板上市公司发行的带有期权性质的可转换债券就是夹层融资的一种形式。夹层融资是介于公司债券融资和股权融资的一种融资方式，其风险与回报也介于债券融资和股权融资之间。夹层融资实际上是一种长期的、无担保的债权类风险资本，同时给予债权人公司股权的认购期权。因为期权是有价值的,所以给予债权人认购期权可以相应地降低债权融资成本。夹层融资通常包括含认股权的次级债、可转换债和可赎回优先股等几种表现形式。

从融资便利上讲,与抵押贷款相比,夹层融资的限制条件较少,能迅速、灵活地为中小企业提供小规模资金。在融资期限方面,夹层融资带有部分股权性质,比普通债券的融资期限长,能够满足企业中长期的资金需求。一般中小企业私募债券融资的期限为1—3年,夹层融资期限通常为3—7年。在融资成本方面,夹层融资成本一般高于普通债权融资成本,但低于股权融资成本。对于不愿提前进入的创业风险投资来说,在公司早期阶段以夹层融资形式投入资金,可以相应降低创业投资风险。在公司资本结构方面,夹层融资可以在债务与股权之间进行转换以改善公司资本结构,具有一定的灵活性。

当然,与债权融资相比,夹层融资成本高,投资者承担的风险也较大。夹层融资不仅存在违约风险,还有可能存在退出风险。未来国内若要广泛应用夹层融资,还需要法律制度的支持和保障,并且引入新的金融工具也要考虑我国的制度环境及其适应性。此外,对夹层融资的设计、管理和风险控制等都缺乏相应的技术与经验,我国应当学习、借鉴国外金融机构的运作模式,在制度和技术创新的基础上开发出更多适合中小企业融资的金融工具,以拓宽融资途径。

5. 创业风险投资

目前,中小企业通过中小板、创业板、新三板市场募集资金存在一定的困难。中小企业包括轻资产科技型企业,其初创期的研发能否成功及产品的市场需求都存在不确定性,高风险以及前期需要资金长期投入都使企业获取外部融资困难重重。风险投资无疑是轻资产科技型中小企业在初创期和成长期较好的融资方式。

目前,我国的创业风险投资行业与发达国家相比还有很大的差距,政府相关部门应当为风险投资行业的发展营造良好的外部环境。首先,建立并完善相关的法律法规，确保风险投资的合法地位。其次，加大对风险投资行业的政策扶持，包括财政资金的投入、税收优惠、技术和人才等的政策扶持。目前，风险投资机构少、规模小，需要政府积极引导以拓宽风险投资资金来源，培育更多的风险投资主体。政府还应当降低国外风险投资机构进入门槛，利用其资金、经验和人才优势带动我国风险投资行业的快速发展。当然，政府也应当积极引导民间资本，允许民间机构设立产业投资基金以扩大风险投资行业规模。最后，风险投资退出方式是影响风险投资行业发展的关键因素，在扩大完善中小板、创业板、新三板市场的基础上，建立产权交易市场是有效的风险投资退出渠道之一。

企业自身应当提出具有良好前景的项目或方案，与风险投资机构保持交流沟通、紧密合作，尽早让风险投资机构在企业最需要资金资助的初创期进入。此外，在参与企业经营管理时，风险投资机构应当与企业管理层保持密切的联系与交流，避免影响企业原先的经营战略。

请思考

1. 轻资产企业与一般企业相比有哪些主要特点？
2. 轻资产企业的主要融资方式有哪些？

参考文献

[1] 郝项超，梁琪，李政.融资融券与企业创新：基于数量与质量视角的分析[J].经济研究，2018，53(06)：127—141.

[2] 何瑛，张大伟.管理者特质、负债融资与企业价值[J].会计研究，2015(08)：65—72，97.

[3] 徐光伟，王卫星.轻资产运营模式的融资困境与机制创新研究——一个科技型企业的案例分析[J].当代财经，2013(10)：66—75.

[4] 张秋生，张小东.支持轻资产企业信贷融资的制度安排[J].经济纵横，2016(05)：109—112.

[5] 中国人民银行眉山市中心支行课题组，杨淮，卢露.商业银行参与轻资产企业融资研究[J].西南金融，2018(07)：26—32.

2 JC金融集团的互联网金融实践

摘要

传统金融主要围绕存款、借款和结算开展金融业务，但是随着互联网的发展，互联网金融的应用越来越广，主要以互联网支付、P2P(Peer to Peer，即个人对个人或点对点网络借款)网络借贷、第三方支付和众筹融资为代表。这是一种金融模式、金融理念、金融经营方式的创新。中小微企业是国民经济发展的重要基础，对解决就业、改善民生问题及促进经济增长具有重要作用；然而，融资难已成为制约中小微企业发展的瓶颈因素，而互联网金融对助力中小微企业融资至关重要。

2.1 JC 金融集团互联网金融实践

JC 金融集团前身为佛山市 JC 投资实业有限公司，经过近二十年的发展，当前的 JC 金融集团已由融资担保业务模式，多元化拓展至包括资产管理、融资担保、小额贷款、融资租赁、股权投资即五轨并行的综合金融服务企业，并于 2013 年在香港交易所成功上市，成为我国内地首家在港上市的民营金融集团，也是首家以担保业为主体登陆香港主板的民营金融集团。目前，JC 金融集团旗下拥有 11 家企业，分为上市板块和非上市板块。其中，上市板块包括融资担保、小额贷款、资产管理、融资租赁及股权投资等部分，非上市板块包括 JC 期货、JC 黄金、集利财富、JC 创业投资等部分。

JC 金融集团秉承“普惠金融的践行者，小微金融的领导者，跨界金融的实践者”的发展理念，不断开拓进取，扩大业务范围，提升在行业中的竞争力。在互联网金融迅速发展的背景下，JC 金融集团也一直在酝酿如何利用旗下担保、小贷等融资服务机构多年服务中小微企业的经验和优势，推出创新的互联网金融服务模式。最终，经过半年多的项目论证、团队组建、平台测试，集利财富网于 2013 年 8 月 28 日正式上线，成为集团发展互联网金融的平台。

图 2-1 中的嘉友网络科技有限公司为集团开展互联网金融的平台——集利财富。目前，集利财富设行政总裁一名，下设首席运营官、首席产品官和首席财务官，分别管理日常运营、产品战略规划和日常财务。其中，运营下设运营管理部、财富管理部、客户服务部、市场推广部、产品技术部；产品下设金融产品部、法务风险控制部、战略规划部；财务下设财务管理部、行政人事处。集利财富采用制度化、系统化管理，各部门分工明确、联系紧密。

集利财富融合了集团强大的资源优势及浸润金融行业多年的丰富经验，以互联网金融创新为核心理念，凝聚了一批活力无限、锐意进取的金融与互联网业界精英；其核心管理团队成员来自中国平安、中国银行、JC 金融

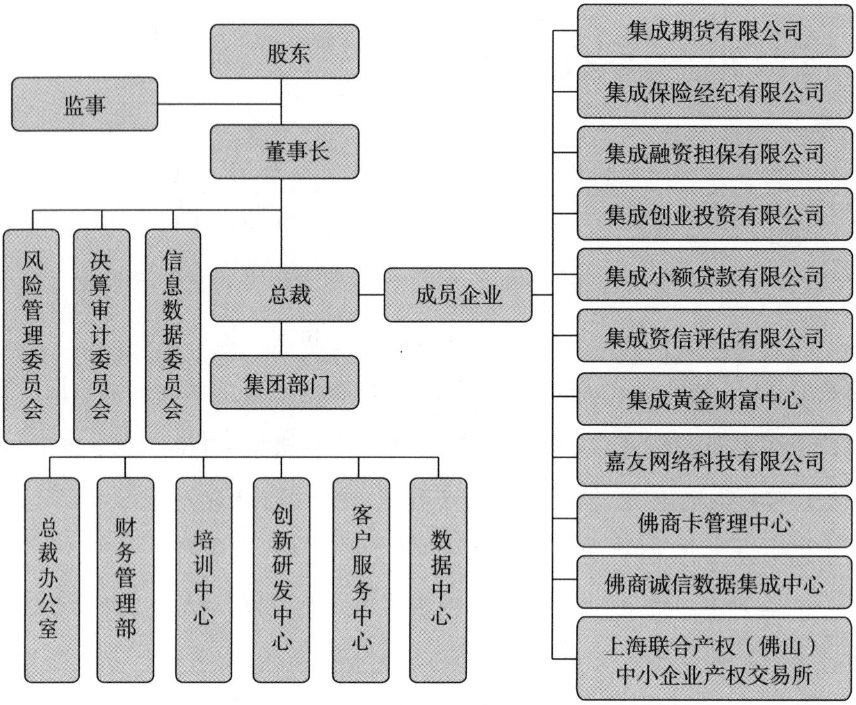

图 2-1　JC 金融集团组织架构

集团、百度、腾讯等知名机构，均拥有资深的金融或互联网从业经验，拥有国内领先的风险管控能力和雄厚的产品、技术研发实力。集利财富致力于为广大投资者提供安全可靠、诚信透明、收益稳健的创新型投资理财服务，为投资者制定个性化的理财规划，获取远高于银行利息的回报；面向融资人则提供专业、高效、便捷的创新融资服务，为融资人提供周转灵活、成本可控的资金。

集利财富在 2013—2015 年近两年的发展过程中不断加强与小额贷款公司、融资担保公司、资产管理公司等的合作，各项业务开展得较为顺利，呈现稳定的发展势头，在巩固原有业务的基础上不断加入新业务，比如新开展的“彩虹盛柘”等项目。截至 2015 年 7 月，集利财富已完成约 7.7 亿元的成交金额，为投资者创造了 3 000 多万元的收益，为 800 多个借款项目成功融资，服务中小企业 400 余家，更难能可贵的是将违约率和逾期率控制在近乎为 0

的水平。从集利财富目前的发展状况来看，大部分业务仍为 P2P 的属性，但是 JC 金融集团对集利财富的定位并非如此简单。依照集团的发展战略，集利财富在整个集团的发展过程中具有非常重要的意义，未来的集利财富将是打通 JC 金融集团内部业务的主要平台，今后集团旗下的很多业务都会整合至集利财富，集利财富将成为提供“一站式”金融服务的综合平台。

2.2　内部背景

关于企业发展战略，首先必须回答为什么要发展新业务。从当时来看，集团开始转变发展战略，将“普惠金融的践行者，小微金融的领导者，跨界金融的实践者”作为未来发展战略，而传统金融侧重于优质客户，难以覆盖处于“长尾”市场①上的客户，使得众多具发展潜力的中小微企业、个体经营者等只能通过私人借贷或高利贷等代价高昂、条件苛刻的渠道获得所需资金。互联网金融在发展普惠金融方面具有不可比拟的优势，以颠覆性模式给广大中低收入者和中小微企业带来全新的金融体验，使得被传统金融机构忽视的群体能以较低的成本获得所需的金融服务。

此外，当时集团已形成集融资担保、小额贷款、保险经纪、产权交易、黄金理财等业务为一体的综合金融服务集团，亟须建立平台以实现集团各业务的融合，而发展互联网金融能够给集团带来更大的业务发展空间及多样化的“一站式”服务体系。发展互联网金融既符合公司的战略布局，还能增强集团资源共享性，实现集团的整体价值增值，因而发展互联网金融就变得顺理成章了。

2.3　JC 金融集团互联网金融业务介绍

目前，集利财富主要采取与小贷公司、融资担保公司、资产管理公司合

① “长尾”市场是指那些需求不旺或销量不佳的产品共同构成的市场。

作的模式,由上述合作公司推荐投资标的到集利财富开展融资借款业务。目前,平台业务类别比较丰富,主要提供优选理财、“安心得利”计划、债权超市等产品,用户可自行选择合适的借款标的,构建符合自身意愿的投资组合。

1. 优选理财

目前,优选理财主要包括“担保通”“安贷无忧”“融租宝”及“彩虹盛柘”计划四个子类别。这四个子类别各具特色,用户可根据自身需要选择合适的项目。

“担保通”

“担保通”是由集利财富联合区域领先的融资担保服务示范机构共同开发的互联网投融资产品,由融资担保公司接受融资申请人的融资申请,并进行尽职调查形成调查报告,经过融资担保公司风险评审委员会评审后推荐到集利财富。集利财富对融资担保公司提交的项目资料进行二次风险控制审核,审核通过后将项目信息通过集利财富网披露,发布投标信息。如果融资人发生逾期行为,集利财富及融资担保公司即刻启动“担保通”机制,由负责推荐的担保公司全额承担融资人所欠本息,保障投资者的资金安全。“担保通”主要经过以下流程:

第一步,集利财富根据设定的合作条件,选择融资担保公司进行合作,并对合作的融资担保公司进行评估和风险控制。

第二步,接受推荐项目并进行风险管理。这一步又包含以下流程:

① 接受融资担保公司的项目推荐及相关项目资料。

② 风险控制部对融资担保公司推荐的项目进行三方面的风险控制审核:一是审查融资方案的合法、合规性,规避法律风险;二是核对项目资料中出现的问题,向项目推荐机构提出改正意见;三是调查融资人的诉讼及执行记录,并出具法律意见。

③ 将通过风险控制审核的项目在集利财富网上发布。

④ 监督并协助融资担保公司对融资人进行贷后管理工作。

⑤ 通知融资担保公司提醒债务即将到期的融资人并监督其还款。

⑥ 协同融资担保公司制订项目还款应急方案,保护投资者利益。

⑦ 如果融资人出现逾期,就立刻启动“担保通”机制,通知融资担保公司承担担保责任,保障投资者利益。

“安贷无忧”

“安贷无忧”是由集利财富联合区域内领先的小额贷款公司共同开发的互联网投融资产品,即由小额贷款公司接受融资申请人的融资申请,并进行尽职调查形成调查报告,经过小额贷款公司的风险评审委员会评审后推荐到集利财富。

集利财富对小额贷款公司提交的项目资料进行二次风险控制审核,审核通过后将项目信息通过集利财富网披露,发布投标信息。如果融资人发生逾期行为,在由推荐项目的小额贷款公司进行严格的风险审查后,启动“安贷无忧”保障机制,专款专用于偿还逾期借款,保障投资者的资金安全。“安贷无忧”主要经过以下流程:

第一步,集利财富根据设定的风险控制条件筛选合作的小额贷款公司,进行整体风险控制。

第二步,集利财富接受推荐项目并进行风险管理。这一步又包含以下流程:

① 接受融资担保公司的项目推荐及相关项目资料。

② 风险控制部对融资担保公司推荐的项目进行三方面的风险控制审核:一是审查融资方案的合法、合规性,规避法律风险;二是核对项目资料中出现的问题,向项目推荐机构提出改正意见;三是调查融资人的诉讼及执行记录,并出具法律意见。

③ 将通过风险控制审核的项目在集利财富网上发布。

④ 监督并协助小额贷款公司对融资人进行贷后管理。

⑤ 通知融资担保公司提醒债务即将到期的融资人并监督其还款。

⑥ 协同融资担保公司制订项目还款应急方案,保护投资者利益。

⑦ 如果融资人出现逾期,就立刻启动“安贷无忧”机制,通知融资担保公司承担担保责任,保障投资者利益。

“融租宝”

“融租宝”系列产品是集利财富为广大投资用户提供的、以融资租赁业务为交易模式的投资产品。与集利财富合作的融资租赁公司,推荐已通过审批、拟进行租赁融资的企业,通过集利财富进行 P2P 融资,企业按期向投资者付息、到期还本。“融租宝”投资起点为 10 000 元,年化收益率一般为 9%—13%,普遍高于其他投资项目。“融租宝”具有充分的安全保障,先是由大型融资租赁公司严格审查并经由承租方开展的融资业务,进而引入大型担保公司进行二次审查并担保增信,若承租方无力偿还则由担保公司代偿,且融资租赁公司同步提供资金保障。图 2-2 为“融租宝”交易示意图。

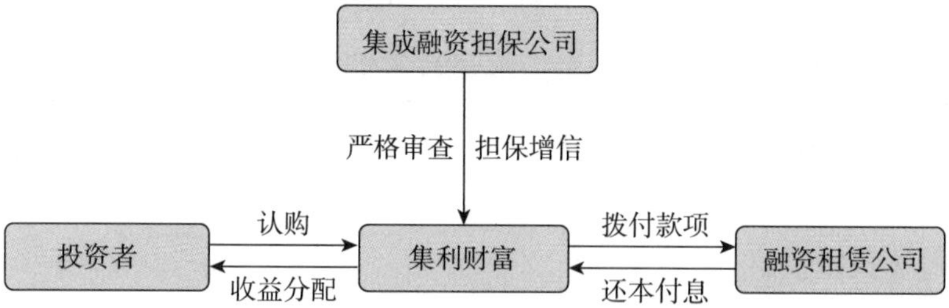

图 2-2 “融租宝”交易

“彩虹盛柘”计划

“彩虹盛柘”是集利财富联合广州盛柘资产管理有限公司推出的、对接特定资产交易项目的专项理财计划。“彩虹盛柘”计划主要购买银行理财产品、债券、票据、资产支持证券、固定资产买卖及处置等,相对而言具有更高的安全性,而且在投资期间不收取任何费用,只有在提前赎回的情况下才收取 0.3%的赎回费用,投资本金则在锁定期后一次性返还投资者账户,利息收益在锁定期内按月支付。图 2-3 为“彩虹盛柘”计划交易示意图。

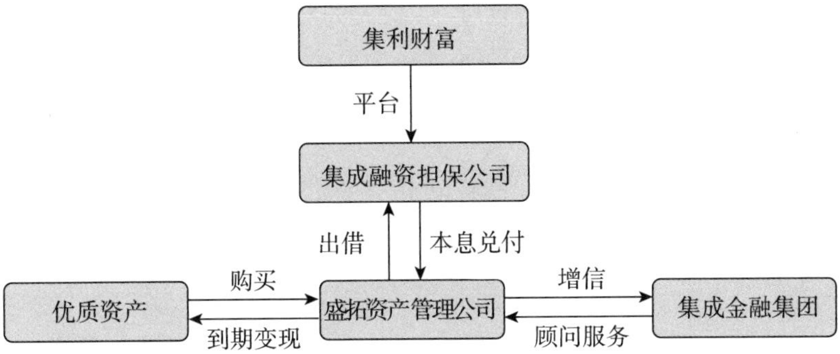

图 2-3 “彩虹盛柘”计划交易

2.“安心得利”计划

“安心得利”计划是指在用户许可的标的范围内,对符合要求的标的进行自动投标,加入该计划后会进入锁定期,在锁定期结束后,通过债权转让功能自动转让退出,其交易流程如图 2-4 所示。“安心得利”计划的投资对象均经过集利财富合作机构的严格风险控制,并提供百分之百的本息保障。出借人出借的本金将在投资期限结束后一次性返还至用户账户,利息收益可选择每月复投或返还。“安心得利”计划年化收益率达到 7.5%左右,投资期限 15 天,手续费全免,且不收取任何管理费用,只在锁定期间提前赎回的情况下收取 0.2%的赎回费用。

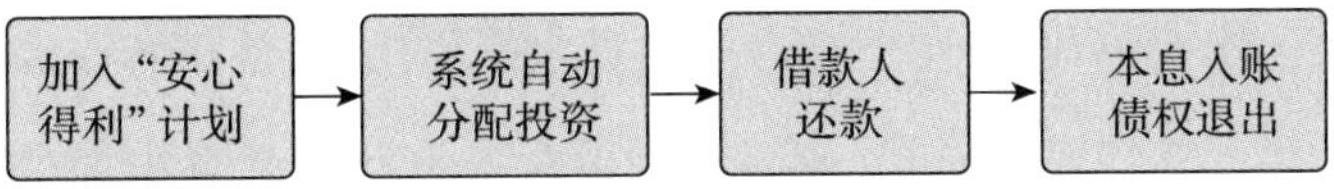

图 2-4 “安心得利”计划交易流程

3. 债权超市

债权超市即债权买卖中介平台,在这里,投资者既可以购买其他用户发布的转让债权,也可以将自己未到期的债权挂牌卖出,以便在急需资金时将债权变现。债权转让过程涉及四方参与者,即借款人、债权转让人、债权受让人和担保公司。债权转让人通过“债权转让专区”,将借款债权以一定价格转让给债权受让人,债权转让人得以提前收回资金。债权受让人以一定价格受让借款债权,并获得借款人按《集利财富网借款协议》约定的本息等债权。借款人相关债权转让生效后,借款人的相关权益责任不受影响,仍按《集利财富网借款协议》中的相关规定还本付息,集利财富会将借款人的还款划拨至新的债权人(债权受让人)的集利财富账户,而且担保公司在债权转让生效后仍承担连带责任。债权转让允许将未到期的债权挂牌卖出,以便投资者在急需资金时将债权变现,这不仅能增强流动性,还能提高资金的使用效率。

2.4 集利财富运行模式分析

1. P2P 平台不同运行模式的比较

从目前来看,P2P 平台主要采用线下模式、线上模式和线上线下相结合的模式,这几种模式在运营成本、盈利水平及风险特点等方面存在一定的差异。

线下模式是指由专业人员实地考察获取债权,再将所得债权拆分组合打包成固定收益类产品,然后通过运营平台销售给投资者。线下模式不但能评估借款人当前的资信情况,更重要的是还能在一定程度上对借款人未来还款能力做出客观的评价。不过,由于线下 P2P 内部流程不透明、操作方法未知,相比线上 P2P 平台更容易产生资金挪用风险,使得坏账率较高。此外,线下运营成本较高,公司营业部门房租及人员开支等费用都会增加运营成本。目前采取线下模式的代表企业有宜信等。

以拍拍贷为代表的线上 P2P 模式,是纯线上、纯信用的网络借贷模式,贷款申请、投标、风险审核、贷款发放等一系列步骤都在线上进行,企业只是撮合双方的纯信息中介平台。对于纯线上的 P2P 平台来说,其主要工作是利用自身评估系统调查、审核借款人的信用,最后根据信用评估结果确定借款额度。国外大多数 P2P 平台都采取该模式。得益于大数据分析技术,纯线上模式能够方便、快捷地对借款人的资信状况进行理性、客观的评价。但是,由于国内征信系统不完善,P2P 平台采用线上模式面临很大的挑战。

线上线下相结合的模式是指 P2P 网贷公司在线上主攻理财端，吸引出借人，并公开借贷业务相关信息以及法律服务流程；在线下则与小贷公司、融资担保公司等传统金融机构合作，强化风险控制，开发贷款端客户。这种模式结合了线上模式和线下模式的优点，能够很好地控制风险并提高收益率。

2. 集利财富运行模式的优势

集利财富的运行模式为线上线下相结合的模式，获取债权的主要方式是由合作的小额贷款公司或担保公司推荐，将这些借款项目发布在集利财富网上进行融资。目前，与集利财富达成合作协议的小额贷款公司及融资担保公司有十余家，除了广州、佛山地区的集成小贷、集成融资担保、中盈盛达担保、广东展鸿融资达担保、广东盈腾融资担保公司等，还包括湖南中御投资担保公司、山西开园鑫融资担保股份公司等。集利财富的主打产品是“担保通”“安贷无忧”及“融租宝”，还包括“安心得利”“彩虹盛柘”、债权超市等，各产品的详情如表 2-1 所示。

表 2-1 集利财富的主打产品详情

产品名称	债权获取	保障机制	利率水平	投资期限
“担保通”	担保公司	1. 高标准选取担保公司； 2. 担保公司尽职调查，形成调查报告，推荐至集利财富； 3. 集利财富二次风险控制审核； 4. 如有逾期，启动“担保通”机制，保障投资者利益。	7.8%—9.5%	60—360 天
“安贷无忧”	小额贷款公司	1. 高标准选取小额贷款公司； 2. 小额贷款公司尽职调查，形成调查报告，推荐至集利财富； 3. 如有逾期，启动“安贷无忧”机制，保障投资者利益。	7.8%—9.8%	60—360 天

（续表）

产品名称	债权获取	保障机制	利率水平	投资期限
“融租宝”	融资租赁公司	1. 融资租赁公司严格审批； 2. 担保公司提供担保增信； 3. 集利财富二次风险控制审查； 4. 如有逾期、违约，融资担保公司承担连带责任。	9%—10%	90—300 天
“安心得利”	用户认可的信用标的	1. 小额贷款公司、担保公司提供本息保障； 2. 采取保证、抵押、质押等反担保措施。	7.2%—8.2%	15 天
“彩虹盛柘”	购买银行理财产品、债券、票据、资产支持证券、固定资产买卖及处置等		8.5%—10%	150—360 天
债权超市	债权超市是所有系列产品的转让平台，是为了提高期限的灵活性和资金的使用效率		7.8%—10%	期限灵活

资料来源：根据集利财富网数据整理。

从平台的主打产品“担保通”“安贷无忧”及“融租宝”可以看出，集利财富线下部分主要是“中小企业融资+担保”的运营模式，即与优秀的小额贷款公司和担保公司等传统机构合作，选择由这些公司推荐的优质融资项目。除合作的小额贷款公司、担保公司负连带责任外，集利财富还会进行严格的二次风险控制审核。

线上部分主要是发布投资标的，吸引投资者进行投资。线上模式的优势就是能以较低的成本获取投资项目，尤其是随着合作的小额贷款公司、担保公司数量的增加，这一优势会得到进一步发挥。但是，该模式使得集利财富对实际项目的接触有限、参与程度较低，所获信息相对滞后，风险控制机制较为间接。因此，平台对合作的小额贷款公司、担保公司的选择尤为重要。针对这一问题，集利财富选择的合作公司在运营、业务流程合规性以及风险控制水平等方面都是行业的佼佼者，并且在集利财富内部二次风险控制时秉持高标准、严要求。此外，平台推出的“安心得利”自动投标计划，不仅提高了投资者资金的使用效率，还降低了融资流程操作的复杂程度。最后，集利财富和广州盛柘资产管理公司联合推出的“彩虹盛柘”计划对接了银行理财产品、债券、票据、资产支持证券、固定资产买卖及处置等，较好地满足了用户的流动性需求，同时保障了安全性。

综上所述，债权较低的获取成本、借款期限大多为短期所带来的良好流动性，使得集利财富的年化收益率低于行业平均水平，这与平台的稳健发展理念相符。较低的收益率对于融资者来说意味着融资成本较低，但对于投资者来说可能不具优势。但从长期来看，行业的高收益率是不可持续的，高收益率往往伴随着高风险，甚至打着高收益率的幌子骗取投资者的资金然后跑路的平台也不在少数，从“网贷之家”所统计的数据来看，问题平台、跑路平台的收益率几乎都高于行业平均水平。因而从收益率和借款期限来看，集利财富走出了一条稳健、可持续的发展道路。

请思考

1. 互联网金融与传统金融相比有哪些优势？
2. 谈谈你对金融集团发力互联网金融的理解。

参考文献

[1] 戴东红.互联网金融对小微企业融资支持的理论与实践——基于小微企业融资视角的分析[J].理论与改革,2014(04):91—96.

[2] 王馨.互联网金融助解“长尾”小微企业融资难问题研究[J].金融研究,2015(09):128—139.

[3] 徐细雄,林丁健.基于互联网金融的小微企业融资模式创新研究[J].经济体制改革,2014(06):144—148.

3 知识产权质押融资产品“智融宝”助力中小微企业

摘要

企业知识产权是运用知识产权资产筹措资金的经济活动，是盘活知识产权、实现知识产权价值变现的重要形式。知识产权质押融资是企业知识产权融资的主要形式，可以在一定程度上缓解科技型中小企业的融资难题，从而有力地支持中小企业的发展。但与实物抵押融资相比，知识产权质押融资未得到广泛推广，原因在于知识产权在价值评估方面存在多种多样的风险。因此，我国应当建立完整的知识产权质押融资风险评价指标体系，赋予各个指标区间值，并运用基于可能度的多属性决策方法评估质押融资风险。实践表明，本案例建立的指标体系具有科学性，基于可能度的多属性决策方法具有可行性和有效性。

3.1 知识产权质押融资产品“智融宝”

为了切实解决科技型中小微企业知识产权融资难题，促进知识产权与金融的有效融合，在国家知识产权局、北京市知识产权局、中关村管委会的指导下，在海淀区人民政府的大力支持下，北京知识产权运营管理有限公司（以下简称“北京 IP”）与建设银行中关村分行携手推出国内首个不附带其他条件、可复制的“纯”知识产权质押贷款创新产品——“智融宝”，为企业创新发展提供“知识产权运营+投贷联动”全方位的金融服务，并于 2016 年 5 月 27 日在中关村核心区正式发布。

时任北京市知识产权局副局长李钟表示，“智融宝”是北京市知识产权金融服务的一次积极探索，是实施首都知识产权战略、促进“大众创业，万众创新”、破解科技型中小微企业融资难和融资成本高的一项重要举措。在国有知识产权运营机构代表与金融机构的共同努力下，“智融宝”将通过完全市场化的运作，切切实实为轻资产、科技型中小微企业拓宽融资渠道，同时不断创新知识产权金融服务模式，充分发挥引领和示范作用，在京津冀协同发展中有所作为。

时任北京市海淀区区委常委、常务副区长孟景伟表示，为了助力“智融宝”扩大服务企业范围，海淀区政府支持设立了“中关村核心区知识产权质押贷款风险处置资金池”，探索建立知识产权质押融资市场化风险补偿机制。这是海淀区创新知识产权金融服务工作的一次有益实践，将进一步降低科技型企业的融资成本，激发创新活力，汇聚新动能。

北京 IP 总经理邵顺昌介绍，由于知识产权评估难、处置难、变现难的“三难”问题，以及企业知识产权融资需求与商业银行风险防控要求脱节，科技型中小微企业仅以知识产权为质押很难获得银行贷款。为了真正破解知识产权质押融资发展瓶颈，北京 IP 充分利用知识产权运营理念，与建设银行合力推出知识产权质押融资创新产品“智融宝”。

在“智融宝”产品发布会上，北京 IP、建设银行与同辉佳视、兴科迪、仁创科技等 12 家拟贷款企业签订了意向协议，中金浩、集慧智佳等 6 家知识产权机构加入“智融宝”知识产权协同服务体系，天星资本、中关村科技租赁、国知智慧股权基金等 3 家投资机构加入“智融宝”投贷联动，未来将在科技型企业的投融资业务中开展深度合作。

3.2 北京 IP 简介

北京 IP 是北京市委市政府为进一步加快中关村示范区建设、积极促成知识产权商用化试点而倡导并出资设立的国有企业，是我国知识产权运营事业的先行者、探索者和实践者。

北京 IP 成立于 2014 年 7 月 11 日，是北京中关村发展集团股份有限公司的控股子公司，注册资本为 1 亿元人民币，主要经营范围包括知识产权服务、技术服务、投资管理、资产管理等。作为我国知识产权运营事业的首批探索者和实践者，北京 IP 将肩负起责任与使命，先行先试，有效解决知识产权运营中存在的问题，为破除机制体制障碍做出贡献，同时引领示范知识产权服务的高端化、专业化发展，为创新驱动发展、知识产权强国建设贡献力量。北京 IP 的定位是我国知识产权运营事业的先行者、探索者和实践者，是支撑中关村建设全球科技创新中心的知识产权运营服务平台。公司愿景是推动形成公平、合理、无歧视的知识产权运营生态环境，致力于成为具行业影响力的知识产权运营服务商。阶段性任务是探索本土化知识产权运营商业模式、搭建多元化知识产权金融服务平台、打造高精尖产业知识产权防御体系、积极构建“333”知识产权运营协同服务平台。

目前，公司正在积极构建“1+2+N”的知识产权运营服务体系，已形成知识产权融资（“智融宝”产品）、SPV 知识产权运营、互联网+知识产权运营（IP Online）、专利池建设及运营等四大特色产品。

3.3 “智融宝”产品发布的背景

据统计,“十二五”时期,我国专利质押融资总额达1 533亿元。然而,多数知识产权质押贷款流于形式,不附带其他条件、可复制、纯粹的知识产权质押融资产品极少,科技型中小企业仅以知识产权质押很难获得银行贷款。在北京中关村近1 000家被调查的科技型中小企业中,49.5%的企业认为资金是发展的首要制约因素。在企业的科技经费中,81.9%来自企业自有资金等内源融资渠道,金融机构贷款占比不足2%。

针对知识产权质押贷款目前存在的知识产权评估难、处置难、变现难的“三难”问题,“智融宝”推出了自己的“杀手锏”。

3.4 知识产权质押融资产品“智融宝”

“智融宝”是北京IP与合作银行及评估机构携手推出的国内首个不附带其他条件、可复制的知识产权质押融资产品,可享受知识产权质押融资补贴。合作银行分别为建设银行、华夏银行和北京银行,评估机构为中金浩。

“智融宝”产品的服务对象是科技型中小微企业,融资期限是6个月至1年,融资额度在1 000万元以内。

“智融宝”产品具有以下五大特色:

一是“纯”。知识产权质押为唯一担保方式,不捆绑企业其他资产和信用。

二是“快”。500万元以内的融资项目进入快速批贷通道,15天完成批贷流程。

三是“值”。海淀区企业可获得融资成本50%的补贴,最高可达100万元。

四是“新”。海淀区人民政府与北京 IP 共建首期规模为 4 000 万元的“中关村核心区知识产权质押贷款风险处置资金池”，探索创新知识产权融资风险补偿新机制。

五是“全”。“知识产权运营+投贷联动”全方位助力科技型企业成长。

3.5 服务流程

“智融宝”的服务流程如图 3-1 所示。

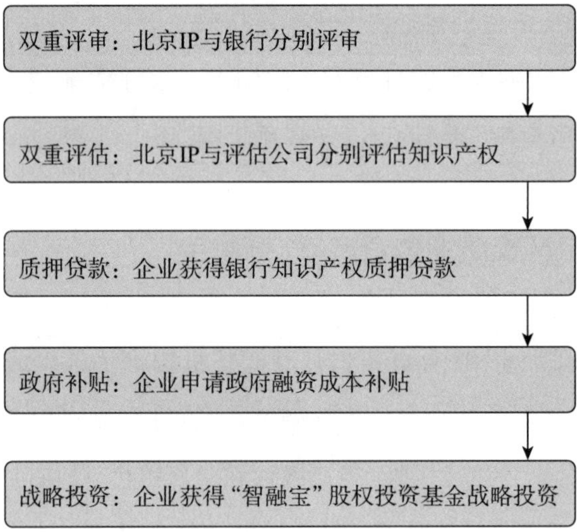

图 3-1 “智融宝”服务流程

1. 客户范围

“智融宝”服务的企业应满足以下条件：

① 企业经营期限在 2 年以上，经营情况良好，有稳定的现金流。

② 企业信誉良好，具备履行合同、偿还债务的能力，还款意愿良好，无不良信用记录。

③ 能提供足值、有效的知识产权质押担保。

④ 所质押的知识产权为企业的核心知识产权，权属清晰，有足够的保护期。

⑤ 服务范围以京津冀地区企业为主。

2. 快速申请流程

① 在中关村知识产权运营公共服务平台的官网上，找到“智融宝”栏目，填写如下表格。

创建申请

企业名称*：

联系人*：

电话*：

邮箱：

申请额度：　万元

成立时间：满1年 满2年 满3年以上

知识产权：专利 版权

收入规模：1000万以下 1000万~5000万 5000万~1亿 1亿以上

立即申请

② 等待北京 IP 工作人员的联系。

③ 根据要求提供相关材料。

④ 等待北京 IP 与银行的联合调查。

⑤ 审批通过，执行质押放款。

3.6　“智融宝”破解知识产权质押贷款模式瓶颈的原因

“智融宝”如何破解知识产权质押贷款模式瓶颈？有以下几个方法：

一是国有知识产权运营机构与商业银行合作，化解了商业银行知识产权评估难、处置难、变现难的问题。

二是企业只需以知识产权质押为担保，解决了科技型中小微企业可抵押资产不足的问题。

三是北京 IP 与海淀区人民政府共同出资设立风险处置资金池，作为风险补偿资金的前置。

四是将知识产权运营与投贷联动相结合，从企业经营状况、知识产权、成长性等维度综合评判企业，降低了中小微企业的贷款门槛。

1. 应用“智融宝”产品现状

2018 年 1 月 2 日，北京市知识产权局印发了《关于推进专利质押融资工作的方案(2018—2020)》，其中七大工作措施之一——“创新工作机制”提到“支持海淀区与北京知识产权运营公司共建专利质押融资处置资金池”。这不仅是对北京 IP“智融宝”业务模式的认可与肯定，更是对北京 IP 的鞭策与鼓励。

据了解，该方案是为了贯彻落实党的十九大报告关于“强化知识产权应用”的要求，按照国家知识产权局《关于进一步推动知识产权金融服务工作的意见》和国家知识产权局办公室《关于抓紧落实专利质押融资有关工作的通知》的要求，结合北京市专利质押融资工作实际情况而制定的。

2. “智融宝”成功帮扶众多小微企业

“智融宝”自 2016 年年底落地到 2018 年 3 月中旬，已决策项目 77 个，拟贷款金额 32 606 万元，已贷款项目 32 个，已贷款金额 12 939 万元，质押 IP 369 项。其中，超过六成企业为小微企业，超过三成企业首次获得银行贷款或信用类贷款。

3. “智融宝”成功收回首笔知识产权质押贷款

2017 年 12 月 20 日，北京 IP“智融宝”业务发放的首笔知识产权质押贷款成功收回，为“智融宝”业务试点之年画上圆满句号。

北京智云达科技股份有限公司(以下简称“智云达公司”)是“智融宝”首个支持客户，主要从事食品快速检测试剂及设备的生产与销售。2016 年 12 月 20 日，在智云达公司急需资金缓解现金流压力时，北京 IP 通过专业的知识产权评估分析，联合华夏银行接受其 7 项专利权质押，并提供 500 万元的“智融宝”贷款，以及政策指导、知识产权培训等增值服务。前不久，智云达公司被评为中关村 2017 年高成长企业 TOP 100。基于智云达公司良好的发展趋势，在成功收回第一笔贷款后，北京 IP 决定为公司继续提供 600 万元银行贷款风险处置服务。

4. 中国邮政储蓄银行专程调研“智融宝”模式

2017 年 8 月 16 日，中国邮政储蓄银行北京分行小企业金融部副总经理何代军、副总经理孟薇，中关村支行副行长苗伟东等专程到北京 IP 调研“智融宝”。调研座谈会由北京 IP 副总经理何敏刚主持，知识产权金融、风险管理等相关部门参加。

在听取“智融宝”“知识产权运营+投贷联动”、纯知识产权质押融资服务模式汇报后，双方就“智融宝”业务合作展开了深入的探讨与交流，并初步达成了合作意向。

通过上述介绍，我们相信“智融宝”能长久地发展下去，随着产品的不断优化，“智融宝”将服务于更多的科技型中小微企业，实现更多的新突破，取得更多的有益经验，有效支持和保障中小微企业创新发展，为北京乃至全国的创新驱动发展提供有力支撑。

请思考

1. 企业融资方式分为两大类：一类是债权融资，另一类是股权融资。如何理解北京 IP 推出的“智融宝+投贷联动”方式？

2. 中小微企业的经营不稳定及可抵押资产少，增大了知识产权质押融资的风险，而风险承担是知识产权质押融资难以得到广泛推广的关键问题所在。在“智融宝+投贷联动”方式下，参与各方如何更好地承担了风险？

参考文献

[1] 高国华. 知识产权质押融资产品“智融宝”发布[N]. 金融时报,2016-05-28.

[2] 勒川,蒋文杰.中国首个知识产权质押融资产品“智融宝”发布[J].中关村,2016(06):67.

[3] 吴艳. 专利权质押融资再遇发展利好[N]. 中国知识产报,2016-06-01.

[4] 张鹏. 我国首个知识产权质押融资创新产品正式发布[N]. 中国高新技术产业导报,2016-06-06.

[5] 中关村知识产权运营公共服务平台.公司新闻(2016—2018年).

4 知识产权质押融资的中山模式

摘要

小微企业是我国国民经济的生力军，但融资难、融资贵的问题一直制约其发展。知识产权质押融资为解决小微企业融资难题发挥了积极作用。目前，国内知识产权质押融资发展体系基本形成，成功探索出北京模式、上海模式和武汉模式等。本案例主要介绍知识产权质押融资的中山模式。

4.1 知识产权质押融资中山模式介绍

科技型中小企业拥有自主知识产权技术,在市场竞争中具有良好的竞争优势。近年来,我国发明专利申请数、授权量均有所增加,高质量的专利储备为企业运用知识产权质押融资提供了支撑。但专利权存在价值评估难、市场流通渠道少、处置变现难度大等问题,制约科技型中小企业运用专利权获取金融资本的支持,进而影响科技型中小企业的创新发展。中山市创新知识产权质押贷款模式,以"政府+银行+保险公司+评估公司"的方式形成风险共担的新融资模式。

1. 设立风险补偿基金

为了引导社会资本投向高新技术、科技创新产业领域,为科技型企业融资开辟出一片新天地,2016 年中山市探索建立中山市知识产权质押融资风险补偿机制:由中央财政出资 1 000 万元引导资金,中山市配套 3 000 万元支持资金,设立总规模达 4 000 万元的知识产权质押融资贷款风险补偿基金(以下简称"风险补偿基金"),用于撬动金融机构为科技型企业提供不少于 4 亿元的知识产权质押贷款,解决企业融资困难,使社会资本流向科技创新领域,助力科技型企业创新发展。

风险补偿基金设立后,有银行负责人表示,目前科技型中小企业的融资需求十分强烈,但这些企业除了技术、专利,可用于提供担保的其他资产寥寥无几,因此在没有政府引导和支持的情况下,银行不太倾向于为科技型中小企业提供贷款。而此时政府主导的知识产权质押融资风险补偿机制正好是一个"风向标",引导金融资本投向科技型企业。有了政府资金作引导和支持,银行愿意也更有底气为科技型中小企业提供贷款,既能扶持科技型企业创新发展,又能开拓银行业务范围,达到双赢的目的。为了规范风险补偿基金的使用,中山市知识产权局出台了《中山市科技企业知识产权质押融资贷款风险补偿办法》,明确了风险补偿基金的监督管理、风险控制、资金赔付和追偿等具体事项，以保障风险补偿基金的规范使用，规范风险补偿项目的运作。

2. 创新风险共担机制

在现已开展的一些知识产权质押融资项目中，风险分摊比例为银行承担 30%、政府承担 70%，在这种风险分摊模式下，银行和风险补偿基金均要承担较大的风险责任。为了保证财政资金安全、控制项目运作风险，中山市知识产权局在项目运作中创新性地引入了保险公司、评估公司，形成了“政府+银行+保险公司+评估公司”共担风险的融资模式。保险公司和评估公司的加入，可以为银行贷款提供保险、提高企业贷款信用评级，也可以规范专利价值的评估。这种融资模式既分担了政府和银行的风险，将政府的风险责任由 70%降至 54%、银行的风险责任由 30%降至 26%，也形成了多方合作机构之间相互监督、相互制约的风险共担机制，实现了降低政府财政资金风险、提高银行放贷积极性、有效控制项目运作风险的多重目的。中山市知识产权局与光大银行中山分行、中国人保财险中山分公司、云创知识产权服务公司约定按照 54∶26∶16∶4 的比例分摊贷款损失。为了有效控制风险补偿项目的运作，当出现贷款企业的逾期贷款额超过已发放贷款总额的 8%或者风险补偿基金已赔付金额达到风险补偿基金总额的 50%时，合作各方将立即暂停项目合作，由中山市知识产权局组织各方共商对策，待风险管控得到改善后再恢复运作。

3. 激励科技型企业创新热情

专利权属于无形资产，市场价值难以定额评估，变现能力不足，科技型中小企业想要通过专利权质押担保来获得贷款十分困难。据了解，在 2017 年 6 月前已获得专利权质押贷款的 4 家企业属于装备制造、生物科技行业，均为第一次基于专利权获得贷款。这些企业普遍存在研发投入资金多、设备产品价格高、资金回收时间长等问题，导致企业流动资金严重不足，制约了企业的再研发和生产。在知识产权质押融资风险补偿项目开展后，相关企业通过专利权质押获得 300 万元贷款，恰好能及时缓解企业资金周转困境。

中山市鑫光智能系统有限公司负责人表示，企业刚成立2年，还处于起步发展阶段，可用于融资抵押的固定资产并不多，但企业属于装备制造行业，主营业务为研发、生产和销售工业机器人及配件、工业自动控制系统装置、智能化和信息化自动生产线等，拥有大量的技术和专利。因此，企业希望利用专利和技术满足融资需求，扩大企业的研发和生产。当知识产权质押融资项目开展后，企业积极与银行对接，最终利用44件主要用于生产设备的专利，成功获得300万元贷款，大大激励了企业研发和创新的信心。企业使用300万元投入二次研发、购买生产设备、支付研发人员工资等，将300万元资金转化为研发生产的动力，进一步提升研发技术实力，扩大生产规模，开拓新业务，实现了销售额增长30%的业绩。虽然，300万元额度看上去并不多，但对于许多科技型中小企业来说，它能够及时支撑企业再次研发和生产，是一笔有价值的财富，而且企业需支付的贷款费用也不高，只要企业信用良好、持续发展，还可以运用这些专利权再次获得银行贷款，从而形成良性循环，等于利用专利这种无形资产支撑企业的创新发展。300万元能够撬动企业实现上千万元的产值，对于科技型中小企业来说是一大利好，激励了企业持续创新创造的信心。

截至2017年6月，中山市已有310多家企业进入风险补偿基金池，初步获得银行贷款资格。

4. 企业贷款年化成本降低

中山市知识产权局出台了《中山市知识产权专项资金使用办法》，配合知识产权质押融资贷款项目的实施，旨在降低企业质押融资成本。对于企业贷款所产生的银行利息、保险费用、评估费用分别给予不超过支付费用50%的专项资金资助，企业贷款年化成本由8.96%降至4.48%。

广东科捷龙机器人有限公司负责人表示，由于有了政府补贴，企业的贷款成本大幅减少，银行贷款利率仅为2.83%，大大低于市场贷款利率水平。同时，专利权贷款保证保险的引入，对于企业来说也是增加了一道贷款风险的“防火墙”，使得企业贷款多了一份保障，企业贷款更为顺畅。此外，由于项目贷款手续十分简便，企业只要按照贷款清单列表提交相关材料，原则上银行、保险公司、评估公司在15个工作日内就能完成审核并发放贷款，企业从初次与银行接触到最终获得贷款只用2个月左右的时间，明显短于用固定资产抵押申请贷款的时间，十分方便快捷。

4.2 “三亮点”开创中山融资新模式

由知识产权局、保险公司、银行、知识产权评估公司和中盈产业有限责任公司五方合作开展，按照“政府引导、风险共担、市场化运作”的原则开展，由中央、市级财政共同出资4 000万元建立风险补偿基金池的中山模式，主要服务对象为高新技术企业、高新技术后备企业、中山孵化器内在孵企业，以及符合中山市产业政策和发展方向、满足政府规定的贷款条件的其他企业。

中山模式在专利质押融资中创新性地引入以“政府+银行+保险公司+评估公司”为主要模式的专利质押融资保证保险，可以转嫁放贷银行的贷款风险，为科技型企业的信用增级，提高了企业贷款的成功率。专利质押融资保证保险的作用，在于以保险公司更强的财务实力和信用评级作为企业贷款的担保，提高企业贷款成功率；政府和银行的多方合作，能够切实解决中小企业融资难的问题。由于专利质押融资保证保险采用“政府+银行+保险公司+评估公司”的模式，政府部门以财政资金投入风险补偿基金，会给予企业全部或部分比例的保费补贴和贷款贴息，能有效解决中小企业融资贵的问题。

在实务操作中，该项目有三个亮点：一是在专利评估方面，采取价值评估与资格评估相结合的方式，可以更加科学、合理地评估专利价值；二是在贷款手续方面，企业只需按照清单列表提交相关资料，原则上合作各方在15个工作日内就能完成各自的审核并发放贷款，真正做到手续简单、操作便捷；三是在优惠政策方面，企业贷款额度达300万元，通过政府补贴，首年综合贷款年化成本仅为4.48%,为所有融资渠道和地区中最低,能够切实解决科技型中小微企业融资难、融资贵的问题。

4.3 中山模式的推广应用

2016年12月12日,中国人保财险中山市分公司成功签出科技型企业专利质押融资贷款保证保险全国首单,保费6.9万元,该笔业务为科捷龙机器人有限公司提供了300万元的专利质押贷款,开创了中山市保险业的全新业务领域。截至2017年4月,该项目入池企业共317家,其中已收集资料企业60多家,进入审核流程企业5家,当月放贷企业3家(分别是广东紫方环保技术有限公司、中山市鑫光智能系统有限公司和中山市天图精细化工有限公司)。2017年上半年,通过该项目放贷的企业数量达到20家,融资总额达6 000万元左右。该项目自运转以来,截至2018年1月,已为34家企业提供8 850万元贷款,质押专利659件。

为了深入实施创新驱动发展和国家知识产权战略,推动金融、科技与产业有效地创新融合,中国人保财险公司积极探索和开发知识产权质押保险产品,中山市首创政府、银行、保险等合作的中山模式则是有效运用知识产权价值的一次创新尝试,拓宽了科技型中小微企业的融资渠道,开启了专利质押融资与知识产权保险相互促进、融合发展的新模式,使知识产权保险迈向了由保护知识产权向促进知识产权应用的新阶段。国家知识产权局专利管理司副司长赵梅生介绍,科技型企业,尤其是科技型中小微企业,往往存在可抵押资产少、融资难、融资贵等困难。知识产权质押融资是中国人保财险公司有效运用知识产权价值的一次创新尝试。2017年3月,国家知识产权局办公室已发布《关于引入专利质押融资保证保险　完善专利质押融资风险补偿机制的通知》,要求辽宁、山东、广东、四川4个专利质押融资风险补偿基金试点省份引入中山模式的专利质押融资保证保险模式,并结合本地区实际,完善各自的专利质押融资风险补偿基金实施方案。

1. 要求试点省份引入中山模式

中山市知识产权质押融资贷款是贯彻实施创新驱动发展战略和国家知识产权战略的新型贷款模式,推动了金融、科技与产业的有效创新融合。该业务被定义为"中山模式",获得了国家知识产权局、广东省知识产权局、中山市知识产权局的充分肯定。国家知识产权局办公室于2017年2月发布《关于引入专利质押融资保证保险　完善专利质押融资风险补偿机制的通知》,要求辽宁、山东、广东、四川4个专利质押融资风险补偿基金试点省份引入中山模式的专利质押融资保证保险,完善专利质押融资风险补偿机制,并前往中山市调研。

光大银行中山分行联合中山市知识产权局、中山市中盈产业投资有限公司、中国人保财险公司中山市分公司、中山市云创知识产权服务有限公司等共同推出科技金融融资产品,向在中山市行政区域内登记注册且符合中山市产业政策和发展方向的知识产权示范企业、知识产权优势企业、知识产权贯标企业、高新技术企业、高新技术后备企业及孵化器内在孵企业等机构提供授信支持,有效盘活了企业所拥有的发明专利、实用新型专利和外观设计专利,开创了新型融资模式。该业务受到当地众多科技型中小企业的热烈追捧。截至2017年年末,该项目已实现投放32笔,金额合计8 250万元。

2. 试点省份知识产权金融工作情况

(1) 辽宁知识产权金融工作

2017年,辽宁全省专利申请量共49 871件。其中,发明专利申请20 500件,发明专利授权7 708件,有效发明专利33 270件,万人有效专利7.60件。规模以上企业有效发明专利5 914件,平均有效发明专利0.74件;高新技术企业有效发明专利9 435件,平均有效发明专利5.14件。2017年,辽宁省知识产权局主要从六大方面开展工作,发挥知识产权技术供给和制度供给的双重作用,不断为全省经济的发展注入新的动力:一是完善体制机制,提高知识产权综合管理能力;二是调动市场主体创新积极性,提高专利的创造质量;三是促进专利的高效运用,推动知识产权在本省转移转化;四是严格保护知识产权,营建良好的市场竞争环境;五是提升知识产权服务水平,支撑企业更好地发展;六是通过“辽宁制造走向海外知识产权”护航行动,积极拓展国内外知识产权的交流与合作。

(2) 山东知识产权金融工作

近年来,山东在知识产权创造、运用、保护、管理等领域取得显著成效,以合作会商为抓手,加快推进山东知识产权强省建设,努力将山东打造成为中国知识产权保护和运用的示范区。一是强化知识产权创造,积极推进专利质量提升工程,创造积累更多高价值核心专利,为创新驱动发展和新旧动能转换提供更有力的技术供给;二是强化知识产权保护,将中央关于严格知识产权保护的决策部署进一步细化、实化、具体化,共同打造更加公平公正、开放透明的知识产权法制和市场环境,促进山东创新发展;三是强化知识产权运用,探索更加有效的知识产权价值实现渠道,促进知识产权综合运用,推动经济提质增效升级;四是推进知识产权综合管理改革试点,推进中央部署的改革任务,努力打造知识产权综合管理改革的“青岛样板”;五是扩大知识产权国际合作交流,借助山东沿海开放的区位优势,共同推进知识产权的高水平国际合作,促进山东开放发展。

(3) 广东知识产权金融工作

2012 年,广东省知识产权局、广东省金融办、广东省银监局、广东省发展改革委等九部门联合出台了《关于加快推进广东省知识产权质押融资工作的若干意见》,对推进全省质押融资工作进行了全面部署和规范。部分有条件的地区积极探索促进当地知识产权质押融资的具体措施,广州、深圳、中山、佛山、东莞等结合本地实际,采取了一系列措施大力推进当地的知识产权质押融资工作,取得了明显的效果。2017 年 7 月,广东阳光药业有限公司以心血管新药 18 件发明专利进行质押,获得融资 32 亿元,成为目前广东单笔最高的专利质押融资额。这一案例不仅彰显了核心专利蕴含的巨大价值,还反映了金融资本对广东专利质押融资模式的高度认可。

截至 2017 年年末,广东全省专利权质押登记数达 597 件,涉及专利

1 025件，质押金额194.13亿元，惠及企业542家次。

广东开展全国专利保险试点、示范建设的各地区，探索构建专利保险工作机制，出台扶持政策措施，先行先试，不断推进专利保险创新，形成了系统完备的专利保险产品链，并产生了在全国有较大影响的案例。2016年，平安产险在广州首度发布了新的专利保险产品——“专利代理责任保险”（发明专利授权险），并与华进联合专利商标代理公司签订了含该产品在内的战略合作协议。该产品主要针对申请人委托代理机构申请发明专利被驳回的情况进行承保，同时专利权人可在专利获得授权后对接投保专利侵权责任险，使发明专利在授权前后均能获得有力保障。

中山市知识产权局与保险公司、银行、知识产权评估公司和中盈产业有限责任公司五方合作，采取政府主导、风险共担和市场化运作的实施方式，由中央、市级财政共同出资4 000万元建立风险补偿基金池。当贷款发生损失时，政府、银行、保险公司和评估公司按54∶26∶16∶4的比例共担损失。政府通过风险补偿基金池撬动合作银行贷款投放量，并承担项目开展过程中的部分风险。这种“政府+银行+保险公司+评估公司”风险共担的融资模式，开启了由保险撬动贷款的中山模式，获得了国家知识产权局的肯定并得到推广。在中山率先引入开展专利质押融资保证保险、有效促进专利权质押融资工作开展的基础上，广东省知识产权局与中国人保财险广东省分公司签署了战略合作协议，借助双方的优势，开展深入合作，探索和推广专利质押融资与专利保险相互促进、融合发展的新模式，共同推进全省专利质押融资工作。

五年来，广东在创新金融服务、拓宽中小企业融资渠道、实现知识产权市场价值、助力创新主体发展方面取得了显著成绩。下一步，广东将再接再厉，不断加强环境和服务配套，引导和促进银行、证券、保险、创业投资等各类金融资本与知识产权资源进行有效对接，推动知识产权与金融的深度融合，为广东乃至全国深入实施创新驱动发展战略和知识产权战略贡献力量。

（4）四川知识产权金融工作

五年来，在省委、省政府的坚强领导下，四川坚持深化知识产权创新改革，坚持推进知识产权强省建设，坚持搭建知识产权平台，推动出台一批重大政策，实施一系列重大举措，全省知识产权工作取得显著成绩，为新时代知识产权强省建设奠定了坚实基础。以加快建设引领型知识产权强省为主线，大力实施知识产权战略，持续深化知识产权改革创新，深入开展知识产权强企行动，大力倡导创新文化，强化知识产权创造、保护、运用，全面提升四川知识产权工作水平。具体要求包括：强化统筹协调，深化知识产权领域改革创新；强化高价值知识产权创造，提高技术供给水平；强化高水平知识产权保护，营造良好的商业环境；强化高效益知识产权的运用，支撑实体经济发展；强化便民利民知识产权服务，满足全社会日益增长的知识产权需求；强化知识产权扶贫帮扶，助力精准扶贫、精准脱贫；强化综合保障，进一步夯实实业发展基础。

四川知识产权领域各项改革创新取得初步成效，为全省知识产权事业的发展，特别是深入推进创新驱动发展战略、促进经济结构调整和产业转型升级注入了强劲动力。其中，“贷款、保险、财政风险补偿捆绑的专利质押融资服务”“放宽专利代理机构股东或合伙人条件限制”“专利快速审查、确权、维权一站式服务”“职务科技成果权属混合所有制改革试点”等多项四川探索出的知识产权领域改革创新举措备受关注。

请思考

1. 知识产权质押融资往往以北京模式、上海（浦东）模式和武汉模式三种为代表，与这三种模式相比，中山模式有哪些创新？

2. 风险分担是知识产权质押融资业务开展过程中需要重点关注的问题之一。在中山模式下，参与各方如何进行风险分担？

3. 知识产权质押融资业务是解决科技型中小微企业融资难的一个有效途径。为了切实推动知识产权融资，从中央到地方陆续颁布一系列政策、法规,但目前发展状况并不乐观,出现政府热情高涨而知识产权融资当事人积极性不高的反差现象。从金融机构、中介服务机构(评估机构、担保机构等)、科技型中小微企业当事人等视角,分析出现这种现象的原因。

参考文献

[1] 国家知识产权局与山东省人民政府知识产权合作会商工作会议在济南举行.国家知识产权局网站.http://www.sipo.gov.cn/zscqgz/1101067.htm

[2] 黄金时期有所为 先行路上勇担当——广东知识产权金融工作成果丰硕.国家知识产权局网站.http://www.sipo.gov.cn/ztzl/zlzyrzybx/zlzyrzybxgzjz/1109813.htm

[3] 中山创新知识产权质押融资模式获国家知识产权局肯定.中山网.http://mini.eastday.com/a/170626094518844.html

5 科技金融超市

摘要

科学技术是第一生产力，金融是现代经济的核心，科技和金融是经济增长的两翼。科技型企业是技术创新的重要源泉，而融资困难一直是制约科技型企业健康、快速发展的重要因素。“科技金融超市”是科技创新与金融资本相结合的新一代产物，是解决科技型企业融资难题的有效途径，为资本撬动科技创新提供了最广泛的平台。本案例主要介绍科技金融超市融资模式。

科技金融超市是科技创新与金融资本相结合的新一代产物，是解决科技型企业融资难题的有效途径，为资金撬动科技创新提供了最广泛的平台。科技金融超市分为实体平台和网络平台，具体构成如图 5-1 所示。

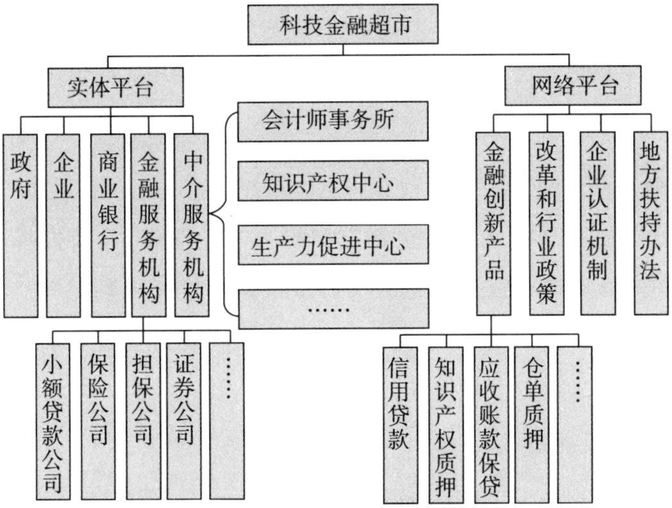

图 5-1　科技金融超市的构成

科技金融超市是科技与金融相互融合的新一代服务产品，是一套集合银行、保险、创业投资、担保、小额贷款等金融资源的“靶向”科技型企业，涵盖实体平台和网络平台的综合性服务产品。

5.1 科技金融超市的参与者

科技金融超市由融资方、投资方、政府、科技金融服务平台与平台组织者等众多参与者构成，整合科技金融资源为平台各参与者提供信息资源共享、投融资供需对接、投融资项目管理等服务。

1. 融资方

融资方一般是有融资需求的科技型中小企业，在自身发展过程中缺乏资金，借助平台进行融资。这些企业不仅可以获得发展所需的资金，还可以通过平台与产品用户建立并保持良好的关系，从而帮助自身在技术研发、产品生产中迅速捕获相关信息。

2. 投资方

在科技金融超市中，投资方不只限于投资公司，人人都可以成为投资者，只要投资者认为某个项目有投资价值，就可以通过服务平台进行投资。项目完成后，投资者会得到项目发起方(即融资方)所承诺的回报。这样，通过科技金融超市，投资者的闲余资金得到充分利用，融资者也可以顺利筹到资金。

3. 科技金融服务平台

科技金融服务平台是连接融资方和投资方的纽带，需要发挥多方面的作用，例如监督审核融资方发起的项目以及保护投资者利益等。科技金融服务平台作为中介方，贯穿项目发展过程始终，应具有完善的功能及健全的保障机制，以保证融资方与投资方实现无缝对接。

4. 其他服务机构

在科技金融超市中，往往还涉及其他一些服务机构，包括金融机构和第三方专业服务机构等。金融机构不仅发挥着资本配置和风险控制的作用，还可以为一些高风险、高收益项目带来风险投资。第三方专业服务机构在金融超市中为各利益主体提供信息、财务、法律等服务。例如专业的技术评估公司，可以从技术的角度评估融资方所发起项目的技术及经济效益。

科技金融超市的运作流程如图 5-2 所示。

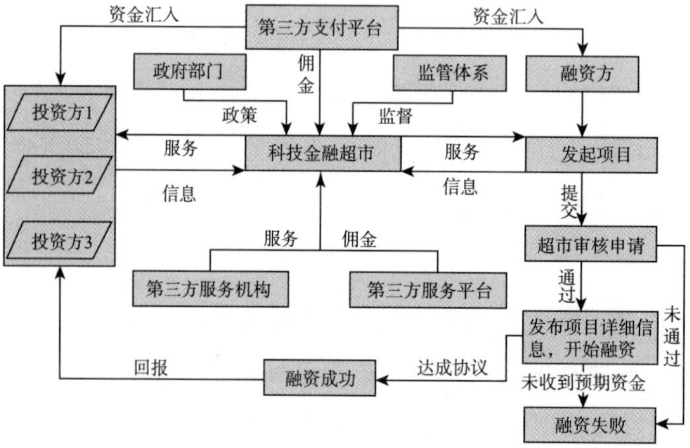

图 5-2 科技金融超市的运作流程

5.2 科技金融超市的支撑体系

科技金融超市的支撑体系是科技和金融相结合的重要组成部分(见图 5-3),包括构建一批低成本、便利化、全要素、开放式的众创空间,加快建设多层次的科技资源共享体系,完善多层次的市场主导、政府扶持的创新创业服务体系,营造浓厚的创新创业氛围。

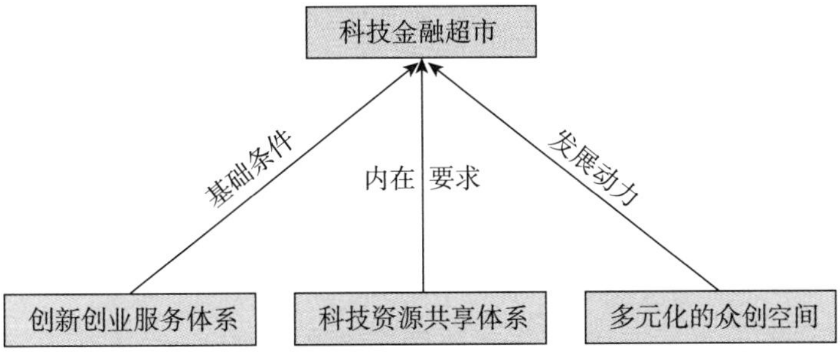

图 5-3 科技金融超市的支撑体系

1. 构建多元化的众创空间

众创空间作为一种新型创业服务平台,将为激发全社会的创新活力、推动自主创新发挥不可替代的作用。众创空间能聚集一批拥有创新创业意愿的创客,整合全社会的创新资源,为创新创业团队提供精准的专业化、个性化、便利化的服务,孵化一批创新型、高成长型、技术密集型中小企业,进而促进产业结构升级乃至经济结构及增长模式的突破性跃迁。

2. 建设科技资源共享体系

科技资源互通共享有利于改善科技资源闲置状况,促进资源合理配置,提高科技资源利用效率,对国家科技和社会经济的长远发展具有重要意义。具体做法包括:加强组织领导,健全共享机制;拓宽资金来源,保障资金投入;加强用户交流,增强系统黏度;出台法律法规,加大宣传力度。

3. 完善创新创业服务体系

从注重宏观层次研究向微观层次研究延伸,从侧重服务企业角度的研究向服务多创新主体角度的研究拓展，从侧重创业扶持研究向发掘创意、鼓励创新、扶持创业的全链条研究拓展，使内涵不断变化的创新服务系统与科技型企业的成长相结合，建设多层次创新创业服务体系。

5.3 成都高新区科技金融超市

作为中国西部最大的科技金融服务平台，盈创动力推出的科技金融超市已进入试运营阶段。该科技金融超市现设融资担保、小额贷款、创业投资、改制上市、政策申报等八个服务窗口，着力解决中小企业融资难、融资贵问题，使企业得以享受一站式专业服务。

盈创动力成立的初衷就是专门为处于不同阶段、不同规模的科技型中小企业提供有针对性的、个性化的金融服务，帮助企业渡过资金难关，做大做强。经过多年的发展，成都高新区打造的盈创动力平台在股权融资和债权融资业务板块提供的金融产品能在很大程度上帮助企业获得融资，但在普惠金融领域还需探索更具针对性的融资手段，设立科技金融超市正是顺应当前普惠金融的发展趋势。

目前，成都高新区科技金融超市已吸引包括成都高新锦泓科技小额贷款有限责任公司、成都高新区高科技小额贷款有限公司、成都高投融资担保有限公司在内的多家专业金融机构入驻并开设服务窗口，且每个窗口都安排专业人员提供相应的服务。就目前试运营情况来看，小额贷款备受青睐。

统计数据显示，成都高新区科技金融超市提供的20万元额度小额贷款业务最快三天就能放款，平均每天放贷十几单，可解企业的燃眉之急。值得一提的是，科技金融超市隔壁就是人民银行征信大厅，用户在提供征信证明后很快就能获得贷款，实现了融资的无缝对接。

在试运营阶段，成都高新区科技金融超市还成功吸引了四川盛豪律师事务所、成都其高专利代理事务所、亚太会计师事务所、中航安盟财产保险有限公司等专业机构入驻，为中小企业提供有针对性的法律、专利申请及科技保险服务。从2018年起，成都高新区相关政策的在线申报窗口转移到盈创动力的官方网站，同时也可以在科技金融超市项目窗口进行线下办理。

成都高新区科技金融超市运营前期主要是为了培育用户，入驻的第三方服务机构均经过盈创动力的考察和筛选。为了吸引更多的用户，入驻机构为前来咨询的中小企业提供低于市场价格的服务费，逐渐培育和壮大了用户群。下一步，成都高新区科技金融超市将结合中小企业发展需求、企业高管消费升级等提供更具针对性的服务，打通全链条金融服务通道。

5.4 苏州科技金融超市

为了加快推进科技与金融有效结合、优化科技金融环境、缓解科技型企业融资难问题，苏州市科技局建设了开放、公益、专业的科技金融服务平台——苏州科技金融超市。该超市以“发挥政策优势、荟萃金融资源、实现便捷服务、降低交易成本、促进产业升级”为目标，以科技金融扶持政策为引导，以科技财政资金为支持，以实体平台服务和虚拟网上平台相结合的形式，形成科技型企业与金融机构之间常态化的信息互通、业务互联的“沟通渠道”，打造银行、保险、创业投资、融资担保、租赁、中介机构“六位一体”的科技金融苏州模式。在汇集各方金融产品的基础上，创设信贷、保险、担保、租赁等多种类产品集成整合的创新型科技金融产品，打造多层次的科技金融产品体系，实现金融机构、中介机构与科技型企业三大要素的良性互动和有效对接。

苏州科技金融超市实体平台位于苏州自主创新广场，已引入农业银行、交通银行、浦发银行、人保财险、优科金融服务公司等五家合作机构入驻，并开设科技型企业资格确认、科技金融业务受理等一站式工作窗口，方便企业、金融机构和中介机构便捷地获取与科技型企业配套的政务服务。

苏州科技金融超市网上平台配合实体平台，实现了线上线下的有效沟通。

苏州科技金融超市网上平台汇聚了政府、金融机构、中介机构和科技型企业四方的资源(见图 5-4)。具体而言,政府部门主要向超市网上平台提供政策支持与政府资金支持;金融机构主要向超市网上平台提供自有的传统金融产品;中介机构主要向超市网上平台提供传统的中介服务,包括资信评级服务、资产估值服务、法律咨询服务、会计代理及咨询服务等;科技型企业则主要向超市网上平台提供融资需求及相关企业资料,完善超市企业库数据。

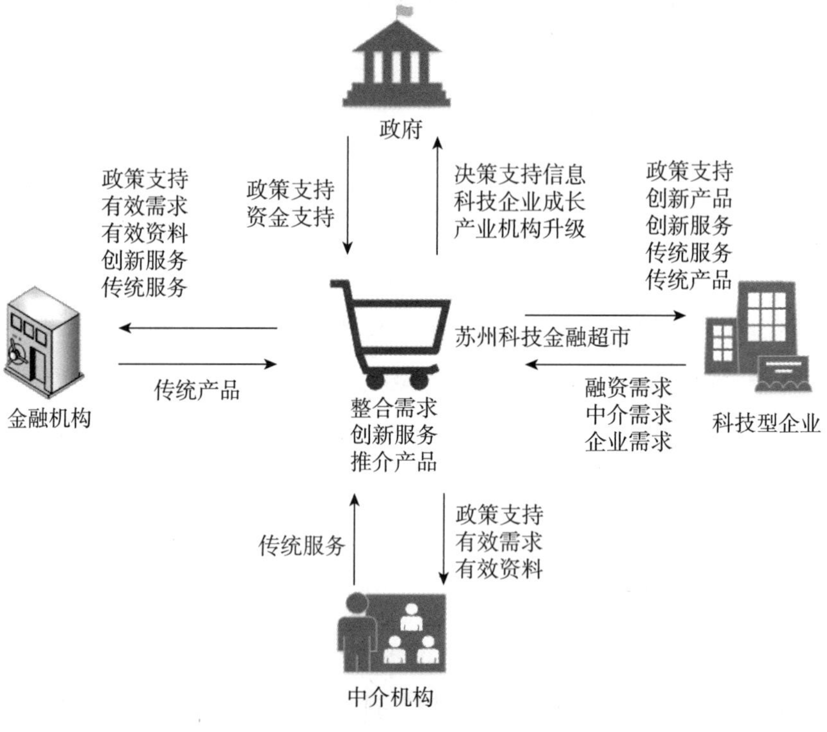

图 5-4 苏州科技金融超市汇聚四方资源

苏州科技金融超市网上平台在汇聚四方资源的基础上,统筹协调这些资源,将相关政策、资金需求传递给机构和企业,将企业的融资需求经专业判定后汇成有效需求传递给金融机构,将企业的中介服务需求经辨别后汇成有效需求传递给中介机构,同时将科技型企业的有效资料提供给相关机构作为业务参考。

苏州科技金融超市网上平台还将在传递金融机构、中介机构的传统服务和产品的基础上,以企业需求为导向,联合各方创新各类科技金融服务和产品,并将这些创新型科技金融服务和产品推介给企业。

苏州科技金融超市网上平台通过一系列工作,"整合需求、创新服务、推介产品",帮助科技型中小企业融资,促进苏州科技型企业成长;同时,苏州科技金融超市网上平台汇集了各方信息,为政府的政策制定和各项决策提供了参考信息。

5.5 中关村发展集团科技金融超市

2017 年 9 月 27 日,中关村发展集团科技金融超市成功落地生命科学园,成为该集团打造科技金融生态体系、创新金融支持企业服务模式、增强板块业务协同的又一重要里程碑。

中关村发展集团自 2010 年成立以来,紧紧围绕中关村"建设具有全球影响力的科技创新中心"这一目标,构建产业投资、科技金融、园区发展、海外业务和区域合作"五位一体"的业务体系,已成为北京加强全国科技创新中心建设的市场化配置资源主平台。为了更好、更高效地支持早期科技创新企业的发展,发展集团在建设专业园区、搭建孵化器、设立创新中心的同时,积极为企业提供金融支持与产业服务,着力搭建适应企业成长的创新创业生态系统。其中,中关村发展集团科技金融超市围绕企业的特点和需求,为科技型企业提供全方位的综合金融服务,联合清华大学、北京大学及中科院等科研院校和新浪、北斗等领军企业以及红杉资本、IDG 等专业投资机构,共同发起设立各类基金 96 只,认缴总规模 758.96 亿元。同时,中关村发展集团债权服务体系也不断增强自身的服务能力,担保年新增规模超过 320 亿元,租赁年投放规模达 30 亿元,小额贷款年新增信贷规模超过 25 亿元,领创金融则为科技型企业提供无抵押、无担保的纯信用贷款。截至目前,中关村发展集团科技金融板块已累计为超过 32 000 家(次)中小微企业提供金融支持超过 2 760 亿元,催生了碧水源、鱼跃医疗、桑德集团等近 750 家上市企业或新三板挂牌企业。

早期的科技创新企业具有高风险的基本特征,除了需要资本为其注入发展的血液,还需要政策支持和产业增值服务为其成长助推加速。科技金融超市围绕专业园区不同行业领域科技型企业的多样化需求,以中关村发展集团科技金融机构为主体,联合投资、银行、保险等金融机构为科技型企业提供金融服务,联合财税法务、管理培训、市场推广等服务机构为科技型企业提供增值服务,联合北京涉及高科技企业政策支持的相关委办局为科技型企业提供政策咨询等服务。资金支持、政策对接、企业服务“三位一体”的专业化综合服务,使得科技金融超市成为科技型企业成长的助推器。

科技金融超市是金融支持科技创新的又一重要创新举措,是中关村发展集团科技金融服务生态体系建设中的重要一环。未来,科技金融超市将帮助更多的科技创新企业把成长中的需求转化为切实可行的服务方案,让更多的科技创新企业享受到更便捷、更高效的一站式综合金融服务,为北京全国科技创新中心的建设添砖加瓦。

“中关村 90%以上的企业为科技型中小微企业,轻资产、抵押物不足,普遍面临融资难、融资贵问题”。时任中关村管委会主任助理孙凌介绍:“(中关村)发展集团全力打造的科技金融超市,就是为缓解科技创新企业融资困境、全方位支持科技创新企业发展的重要举措。科技金融超市的建设运营是中关村要素和政策在园区做好、做实的有益举措,必将对促进技术与资金的对接和融合、推动资本服务实体经济发挥积极作用。”

北京昌平区拥有很强的创新创业活力和旺盛的创业服务需求,中关村发展集团科技金融超市的建成,为昌平区的创业型企业在投融资和知识产权等方面提供了更为丰富的服务,有利于促进企业创新发展,并进一步培育融合、协同、共享的双创生态环境。中关村发展集团科技金融超市有望逐步发展成为昌平区服务双创的重要品牌。

中关村生命科学园融资服务需求旺盛,仅 2014—2016 年就有 55 家入驻企业完成融资总额 249.80 亿元，但缺少统一的投融资服务平台。中关村发展集团中关村生命科学园科技金融超市引入中关村发展集团科技金融板块各机构和社会服务机构，满足了园区企业对投融资和知识产权等领域的服务需求，为生物科技企业提供了全方位的金融、数据整合、资源配置等系列服务。

在支持科技创新企业的过程中，建设银行与中关村发展集团形成了良好的合作共赢关系。在科技金融超市的建设运营中，建设银行北京中关村分行作为银行类金融机构，全力配合中关村发展集团及各家机构，发挥资金与金融服务优势，促进创新创业金融生态体系的建设发展，为中关村示范区中小微企业提供全方位创业金融服务支持，从而激发中小微企业的创新创业活力。

请思考

1. 谈谈你对科技金融超市相关金融产品互补性的理解。
2. 谈谈你对科技金融超市运作平台建设的理解。

参考文献

[1] 陈明. 成都科技金融超市试运营[N]. 中华工商时报，2017-04-18.
[2] 李子彪，梁博，李林琼.河北省科技金融超市运行发展研究[J].科研管理，2017，38(S1)：46—52.
[3] 刘克峰.中关村软件园：用超市模式做科技金融服务[J].中关村，2013(08)：52—54.

■6 投贷联动助力科技金融

摘要

投贷联动本质上是“股权投资—直接融资”和“信贷投放—间接融资”两类融资模式的一种组合方式。“投”和“贷”是现行监控框架下已有的正规融资渠道，创新的关键在于“联动”，即通过联动的制度安排，风险投资机构和商业银行结成利益共同体，为标的企业提供持续的金融支持，以期在融资主体或融资项目上实现风险与收益的匹配平衡。

在实践中，投贷联动运作模式多样，灵活度高且各有优劣。商业银行如何结合自身实际情况，选择合理的业务发展模式，形成独特的优势，仍需不断探索。更重要的是，在目前并不成熟的市场机制和法规监管下，如何制定一套相应的风险控制与管理策略、防范业务风险、确保稳健经营，是当前我国商业银行开展投贷联动的首要前提和理性选择。

6.1 “银行+VC/PE”模式

“银行+VC/PE”[①]模式也称外部投贷联动模式，是目前国内商业银行探索投贷联动的主流模式，可以分为1.0和2.0两个版本。

1.0版本即银行凭借自身客户优势，为外部的VC/PE机构提供、推荐优质企业，并提供财务顾问、资金托管等综合服务；或者，银行跟贷VC/PE机构已投资进入的企业，给予一定比例的贷款及相关金融产品的支持，并锁定融资企业相关服务业务，包括顾问服务、资金结算及后续配套服务等（见图6-1）。

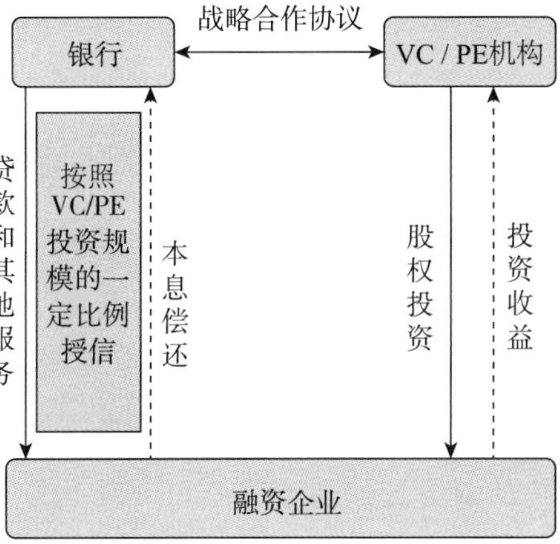

图6-1 “银行+VC/PE”模式的1.0版本

资料来源：银通智略。

2.0版本是1.0版本的升级版，在上述投贷联动的基础上，银行为了分享股权投资背景下债权介入带来的超额收益，与合作的VC/PE机构构建一种优先认股权。也就是在签订贷款协议时，各方约定可以把贷款作价转换为对应比例的股权期权，当融资企业通过IPO、股权转让或者并购等方式实现股权溢价后，可由合作的VC/PE机构抛售所持的这部分股权，将收益分给银行，从而实现收益共享和分成（见图6-2）。

---

① VC指风险投资；PE指私募股权投资。

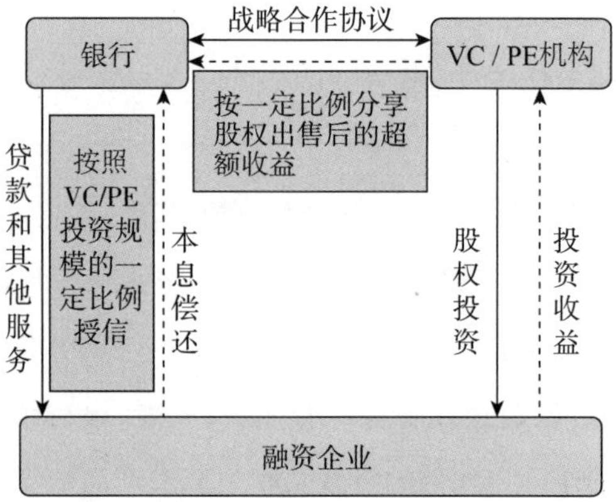

图 6-2 “银行+VC/PE”模式的 2.0 版本

1. 招商银行与外部创业投资机构及境外直接投资子公司合作设立“千鹰展翼”计划

招商银行在 2010 年 6 月推出“千鹰展翼”计划，目的是为处于创业期和成长期的企业提供融资，与 VC、PE 等机构合作，为企业提供债权和股权综合融资服务。

“千鹰展翼”计划中包含了“投融通”“股权管家服务”等产品，这些产品构成了招商银行与投资机构的投贷联动利益关系。通过合作整合平台，招商银行能提供给客户的服务远远超过了公司信贷业务范围，可以调动各个业务部门之间的合作。例如，针对一个项目，公司部负责推荐 PE 等风险投资机构，投资银行部负责扮演融资顾问、财务顾问的角色，国际部负责设计跨境金融产品，私人银行部为企业提供员工激励和财富管理方面的服务，等等。招商银行可以从中获得募资服务费、托管费等多种业务收入。

2. 民生银行从“投联贷”到“启明星”

民生银行的“投联贷”产品，是指针对有合作关系的 VC/PE 机构拟投资或已投资的中小企业，在综合考虑投资机构投资管理能力和中小企业未来发展前景等因素的基础上，以信用、股权质押、PE 保证或保证等方式为中小企业客户提供短期融资业务。融资额度最高可达 5 000 万元，融资期限不超过 1 年。

“投联贷”产品的最大特点在于降低对抵押物及担保公司担保的要求，更倾向于信用保证、股权质押等。例如信用贷款的基本模式是，中小企业实际控制人及其配偶以个人连带责任进行担保，银行按 PE 投资的一定比例向企业发放贷款。相比之下，股权质押贷款的可融资额度更高，除了企业实际控制人及其配偶以个人连带责任作为担保，还能以实际控制人所持有的全部或部分股权进行质押。

2015 年 11 月 17 日，民生银行宣布启动科技金融“启明星”计划，并牵手西南证券、华融证券探索投贷联动新模式，深度参与新三板业务。“启明星”计划主要针对医疗健康、高端装备制造、节能环保等新兴行业的创新型企业，以股权投资或债权贷款的方式提供全方位的综合融资服务。民生银行要借市场、政策的东风，调整商业银行过去的服务模式，转换为“商业银行+投资银行”的新型金融服务模式，搭建科技金融合作平台，与证券交易所、证券公司、私募股权投资机构、公募基金开展战略合作，共同拓展科技金融市场。民生银行已先后与招商、兴业、华融、西南四家证券公司，天弘、汇添富两家基金公司，以及全国股份转让系统达成战略合作，将共同拓展科技金融市场。

3.“银行+VC/PE”模式评析

“银行+VC/PE”模式的优点在于政策限制相对较少、便于操作、适用性强。商业银行可借助股权投资机构的专业知识和投资能力，筛选目标公司，有效控制风险，提高客户服务能力，获得新的业务机会。

然而，由于外部股权投资机构和商业银行在经营理念、业务流程、风险偏好等方面存在本质差异，难以形成紧密的利益共同体，双方的合作关系普遍较为松散，联动效率较低，协调成本较高。同时银行难以培育自身直接投资能力，长期来看不利于自身的经营转型。此外，关于认股权安排目前仍没有明确的政策法规，还处于灰色地带，存在一定的法律风险，容易产生利益分配方面的纠纷。

6.2 “银行+子公司”模式

“银行+子公司”模式即商业银行通过股权投资子公司等，在集团内部实现对科技创新型企业的投贷联动。根据股权投资子公司的性质，可以分为以下两种模式：

（1）“银行+境外子公司”设立的境内股权投资机构模式

商业银行通过境外子公司设立境内股权投资机构后，向该股权投资机构推荐优质客户以开展股权投资，银行根据客户的不同发展阶段提供相应贷款和其他服务产品支持。该模式适用于已有境外子公司的商业银行。目前，工商、农业、中国、建设等大型商业银行均通过境外子公司设立境内股权投资机构参与投贷联动业务（见图 6-3）。

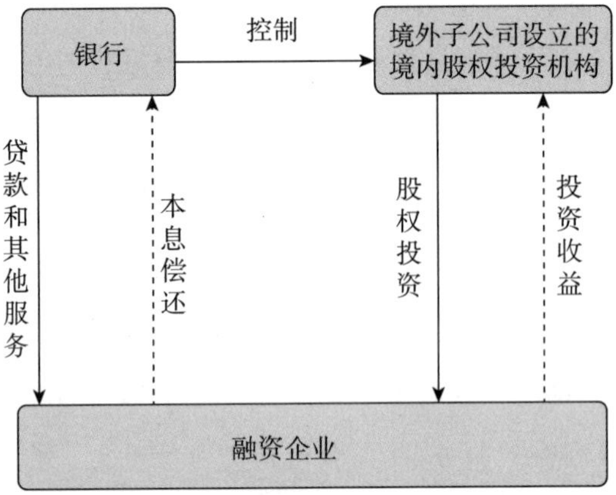

图 6-3 “银行+境外子公司”设立的境内股权投资公司投贷联动模式

（2）“银行+境内直接投资子公司”模式

我国《商业银行法》规定，商业银行不得投资于非自用不动产或者非银行金融机构和企业，但国家另有规定的除外。国家开发银行经特批拥有境内第一个股权直接投资牌照，设立了境内股权投资子公司。目前，中国银监会主导的首批投贷联动试点的 10 家商业银行也被准许设立股权投资子公司，由子公司开展股权投资并进行投贷联动；子公司还要设立科技金融专营机构，专司与科技创新企业股权投资相结合的信贷投放（见图 6-4）。其中，专营机构可以向科技创新型企业提供包括结算、财务顾问和外汇等在内的一站式、系统化金融服务。

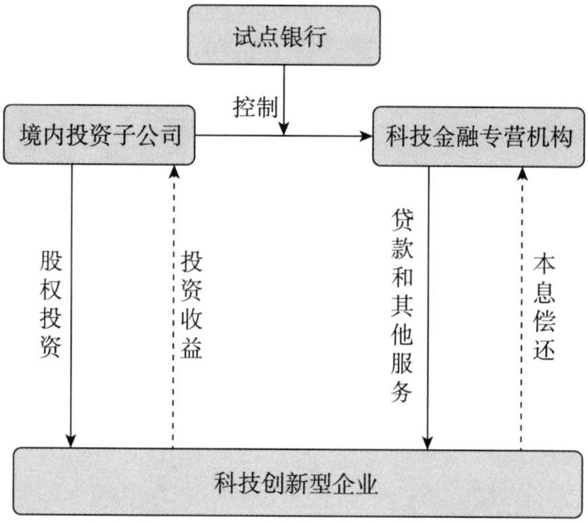

图 6-4 “银行+境内直接投资子公司”投贷联动模式

1. 招商银行借助境外投资子公司实施投贷联动

以招商银行与 SOLARZOOM 光伏亿家的战略合作为例。SOLARZOOM 光伏亿家于 2006 年创建于德国，是当时最大的光伏行业论坛，2011 年转型为光伏门户网站与行情咨询中心。

目前，SOLARZOOM 光伏亿家已成为我国光伏行业最大、最知名的“互联网+光伏”垂直平台，并得到资本的认可，其具体业务包括：

- 媒体和咨询，包括商业信息服务、新闻服务、企业宣传推广服务、商情发布、大数据服务、会议服务。
- 第三方评测，包括电站评估、产品评测、验厂服务。
- 分布式电站综合服务，包括分布式电站融资、光伏产品电商渠道采购、分布式项目落地、电站工程第三方鉴证、安装施工远程管理、在线运维管理等。

SOLARZOOM 通过银行的资质审核之后，可以获得招商银行 5 年期的无抵押贷款（单个项目的贷款额度为 50 万—3 000 万元）。同时，招商银行旗下全资子公司（招银国际金融有限公司）既可以获得 SOLARZOOM 光伏亿家一定比例的股权，也可通过上述股权质押再次获得额外贷款。

2. 南京银行借助孙公司（鑫沅股权投资管理公司）实施“小股权+大债权”投贷联动模式

南京银行自 2015 年 1 月起，开始实践“小股权+大债权”投贷联动模式的创新型业务。南京银行针对初创阶段的科技创新型中小企业，依托控股的鑫元基金名下孙公司（鑫沅股权投资管理公司），持有科技创新型中小企业 1%—2%的股权，并结合中小企业 2 年的中长期业务发展规划，以培育客户为主要目标，“一户一策”并配套贷款等“大债权”支持（见图 6-5）。

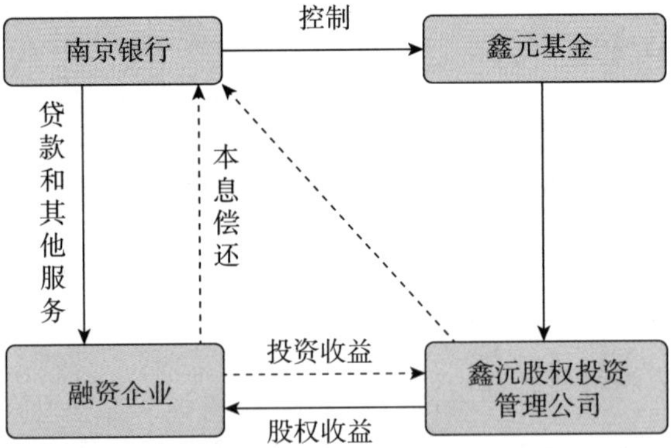

图 6-5 南京银行借助鑫沅股权投资管理公司实施投贷联动模式

该业务的目的不是通过贷款赚钱，而是培育战略客户群，未来也可能实现股权投资收益。南京银行既不参与企业经营，也不进行对赌，没有期限要求。然而，南京银行通过鑫沅股权投资管理公司成为股东后，虽然不参与企业经营，但代发工资等业务落户南京银行，更有助于银行了解企业真实的经营状况。

3. 国家开发银行通过境内股权投资子公司实施投贷联动

国家开发银行在取得人民币股权投资牌照后，依托投资机构（国开金融)即可开展股权直接投资业务。当前国开金融开展的投贷联动业务主要包括两部分:夹层融资以及与国家集成电路产业投资基金的合作。以夹层融资为例,在国开金融的夹层融资业务模式中,达成夹层融资合作意向的企业将获得国开金融的直接投资,且拥有优先向国家开发银行申请贷款的权利。之后,企业每年按出资比例向国开金融分红。此外,国开金融还将从各方面协助企业发展,比如改善公司治理、协助公司咨询境内外上市意见、制定战略、开展行业研究等。

4. “银行+子公司”模式评析

对于“银行+境外子公司”设立的境内股权投资机构模式,通过境外子公司设立的投资机构,其主管部门为中国证监会,而银行本身受中国银保监会监管,监管机构的不一致将增加相关成本。

“银行+境内直接投资子公司”模式是目前监管机构所倡导并推行的,有利于银行充分发挥集团优势,与投资子公司在项目推荐、收益分成与风险防控等方面形成紧密合作关系,同时可以培育集团的股权投资能力,集团化、综合化经营优势明显。但是,此模式目前仍处于试点阶段,未纳入试点的银行实施起来难度大;同时,由于传统商业银行缺乏直接投资经验,而且风险由集团完全承担,因此对投资子公司的风险控制要求较高。

6.3 “银行+其他机构”模式

在“银行+其他机构”模式下,银行与其他机构(如资产管理公司)共同发起设立有限合伙企业(LP)/股权投资基金/资产管理计划,再凭借股权投资基金平台对外开展股权类投资,最终实现投贷联动。其中,商业银行凭借信贷资金或理财资金,持有股权投资基金/资产管理计划的优先级份额;其他机构作为管理人,持有股权投资基金/资产管理计划的劣后级份额(见图6-6)。

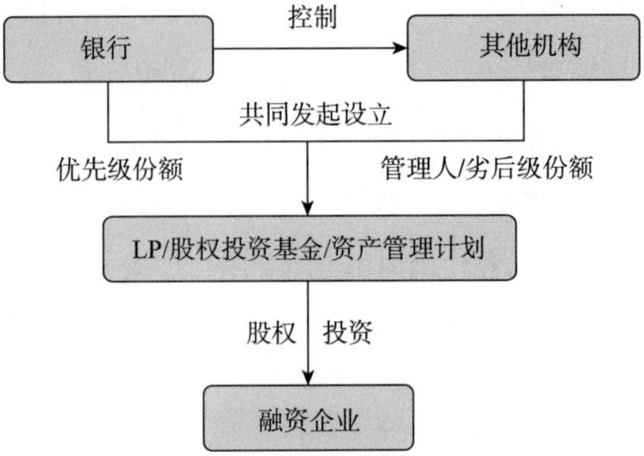

图 6-6 “银行+其他机构”投贷联动模式

6.4 国际案例——美国硅谷银行投贷联动

硅谷银行(Silicon Valley Bank)成立于 1983 年,1987 年在美国纳斯达克上市,专门为科技创新型中小企业提供综合金融服务,目前已发展成为金融集团。

硅谷银行的创业投资业务模式主要有三种:①依托硅谷金融旗下的硅谷资本提供股权投资,开展投贷联动业务;②“认股期权贷款”模式;③与风险投资机构合作,间接投资创业型企业。在前两种模式下,硅谷银行将资金直接投入创业型企业,不经过风险投资企业,当产生收益时,创业型企业将收益划拨给银行。

1. 硅谷银行投放信贷,硅谷资本提供直接股权投资

硅谷银行注重债权投入,其业务模式是在向科技型企业发放贷款时,收取高于一般借款的利息,考虑到科技型中小企业在早期发展阶段缺少固定资产但专利技术较多的情况,硅谷银行针对科技型中小企业积极开展知识产权质押贷款业务。

直接股权投资由硅谷金融旗下的硅谷资本负责。对于其非常看好的创业型企业,硅谷金融集团会安排旗下的硅谷资本采用入股形式直接投资,以便在企业成功创业、实现公开上市或被购并时获取较高的资本增值,以补偿高风险投资,其股权投资一般与风险投资机构的风险投资同时入股。

2."认股期权贷款"模式

硅谷银行在发放贷款时,同时与企业达成协议,获得部分认股权或期权,由硅谷金融集团持有,在企业公开上市或被收购时行使。硅谷银行采用认股权证的贷款对象是处于早期阶段的高科技企业,这些企业大多处于产品开发阶段或产品销售初期,所涉及的技术不是很完善,银行提供贷款的风险较大,为了控制信贷风险,硅谷银行利用认股权证降低银行信贷风险。硅谷银行不追求长期持有公司股份,在持有认股权证期间并不行使股东权利,只有当 IPO 或收购兼并事件发生时才行使相应的权利,在当日或尽快行使认股权并出售股份。值得注意的是,硅谷银行所持有的认股权证,其中很多因企业无法 IPO 或者倒闭而根本没有实现。

3. 与风险投资机构等合作,间接投资创业型企业

与风险投资机构建立紧密的合作关系一直是硅谷银行最重要的策略。硅谷银行放贷给风险投资机构或者与风险投资机构合作共同设立产业基金,从而将资金投给风险投资机构,由风险投资机构再直接股权投资于高科技企业。硅谷银行通过风险投资机构对外投资的一个主要原因在于硅谷银行与风险投资机构之间特殊的合作关系。硅谷银行目前是 200 多家风险投资机构的股东和合伙人,同时硅谷银行信贷中的很大一部分投向了各类风险投资机构。

4. 硅谷银行股权投资退出方式

硅谷银行股权投资退出方式有 IPO 和收购两种。硅谷银行主要采用公开上市的方法退出创业投资。硅谷银行在获得股权后,当创业型企业上市时即将其抛售,获得收益后再进行其他投资。对于未能上市的创业型企业,硅谷银行还可以采用收购方式退出。收购方式主要有两种:一是兼并,又称一般收购;二是其他创业投资介入,也称第二期收购。

请思考

1. 金融机构开展投贷联动有哪些风险？

2. 投贷联动业务有哪些模式？

参考文献

[1] 蔡苓.破解我国中小企业融资难问题研究——基于商业银行“投贷联动”视角的分析[J].上海经济研究,2016(03):83—95.

[2] 廖岷,王鑫泽.商业银行投贷联动机制创新与监管研究[J].国际金融研究,2016(11):45—55.

[3] 彭靖迁,张庆.投贷联动模式选择与风险防控[J].银行家,2017(08):63—65.

[4] 钱燕,王世文.投贷联动机制的动态演化博弈研究[J].苏州大学学报(哲学社会科学版),2017,38(06):108—116.

7 农业银行“瞪羚诚信贷”助力科技型小微企业

摘要

中小企业融资难问题已成为制约中小企业发展的关键因素，随着经济的发展，出现了发展的新动力——“瞪羚企业”。“瞪羚诚信贷”既有优势又有劣势。优势在于：第一，担保费优惠；第二，贷款担保公司免初审；第三，银行审批贷款速度快；第四，利率优惠；第五，可获得政府相关部门的贴息支持。劣势在于：第一，只适用于短期经营周转；第二，资格认定门槛较高；第三，授信额度较低。银行发行“瞪羚诚信贷”同样存在风险。

7.1　“瞪羚诚信贷”助力科技型小微企业案例概述

中小高新技术企业的融资难问题，被称为高新技术产业发展中的“哥德巴赫猜想”。北京中关村国家自主创新示范区拥有一大批处于高速发展中的中小高新技术企业，这些极具创新活力、发展迅速的企业，犹如善于跳跃和奔跑的羚羊，因而被形象地喻为“瞪羚企业”。

然而，大量“瞪羚企业”却面临产业发展资金匮乏、融资渠道狭窄的问题，制约其进一步发展。为了破解这一难题，改善中关村国家自主创新示范区内中小高新技术企业的融资环境，中关村科技园区管委会拟定了“瞪羚计划”。“瞪羚计划”将信用评价、信用激励和约束机制与担保贷款业务进行有机结合，通过政府的引导和推动，凝聚金融资源，构建高效率、低成本的担保贷款通道。“瞪羚计划”每年可帮助园区“瞪羚企业”解决超过50亿元的流动资金贷款。

据《金融时报》报道，截至2012年12月，中关村科技园区管委会支持重点培育“瞪羚企业”共896家，已有26家商业银行推出专门针对重点培育“瞪羚企业”的金融服务方案。2014年，重点培育“瞪羚企业”已达到930家。“瞪羚计划”主要明确了重点培育“瞪羚企业”的标准，引导各类金融机构为企业提供融资支持，给予企业相应的贷款贴息、直接融资补贴、资信调查费用、保费补贴、融资租赁费补贴、承接重大建设工程相关费息补贴等支持，并针对银行、担保、融资租赁、小额贷款机构为重点培育企业而提供金融服务给予风险补贴支持。

“瞪羚诚信贷”服务于总收入在5 000万元以上、信用评级为三星级以上的“瞪羚企业”。此外，企业还应满足经营年限三年(含)以上、信用状况良好、经营财务状况良好、近两年持续盈利，以及企业实际控制人及其他股东或公司高管人员(不少于三人)愿意提供个人连带责任担保等条件。“瞪羚诚信贷”的贷款额度根据申请人的具体情况确定，采用标准化产品信用方式的话,最高为1 000万元。贷款额度原则上不超过企业上年应纳税收入的10%;不超过企业净资产的50%;企业负债率不高于70%,银行类负债的占总资产的比例不超过40%。如果企业存量授信额度由中关村担保公司担保,“瞪羚诚信贷”就可按照中关村担保公司担保额度的30%给予信用授信额度,这不受企业上年应纳税收入额度的约束。此外,非标准化产品则可根据具体情况设计授信方案。相比于其他贷款方案,“瞪羚诚信贷”的优势在于贷款担保公司免初审,担保费优惠收取,银行审批贷款速度快,利率优惠且可获得政府相关部门贴息支持等。这些优势使得“瞪羚企业”能够更加高效地获得融资,将资金有效地运用于企业的业务发展。

中国农业银行围绕科技型、创新型和创业型小微企业“轻资产、高成长、高风险”的特点,研发推出“科创贷”产品,创新性地采用股权质押、专利权质押、保证保险等多种担保方式。中国农业银行还针对不同区域的经济特点,在江苏、浙江、上海张江科技园等地区推出了“科贷通”“金科通”“瞪羚诚信贷”等一系列服务于小微企业的科技金融产品;推广“信贷工厂”模式,针对上海张江科技园、北京中关村科技园等区域科技型小微企业客户群的特点,设计了表格式的批量调查与审批模板,简化了申请资料,缩短了业务流程,有效提升了金融服务效率。

中国农业银行北京分行是第一家为中关村“瞪羚计划”提供贷款业务的银行类金融机构。“瞪羚诚信贷”是面向中关村“瞪羚计划”名单内三星级(含)以上中小企业客户、以信用方式提供流动资金贷款的信贷产品。“瞪羚诚信贷”的基本产品信息包括:①贷款方式,以信用为担保,无需抵押实物;②服务对象为经营三年(含)以上、近两年持续盈利、企业实际控制人或其他股东愿意提供以个人连带责任保证的中小高新技术企业,中关村“瞪羚计划”名单内三星级(含)以上中小企业客户;③授信期最长可达1年。④最高贷款额为1 000万元;⑤还款方式为按约付息、分期还款等。

7.2　“瞪羚企业”客户界定与范围

1.“瞪羚计划”的背景

中关村国家自主创新示范区“瞪羚计划”是2003年中关村科技园区管委会(以下简称“中关村管委会”)在北京市委市政府的部署下,会同北京中关村担保公司、信用评级机构和协作银行共同确定的,目的是为中关村科技园的“瞪羚企业”提供融资解决方案。2010年8月,由中关村管委会、北京市发展改革委、北京市科委、北京市经济信息化委共同发起并报请中关村国家自主创新示范区领导小组同意,在园区大力推进高科技、高成长企业的成长,重点培育一批创新性强、增长速度快、发展前景好的“瞪羚企业”。

2.“瞪羚企业”客户基本条件和范围

(1) 基本条件

① 中关村科技园内的高新技术企业。

② 经济指标界定。以企业申请“瞪羚计划”上一年度实现的技工贸总收入规模及技工贸总收入和利润的同比增长率作为界定标准。企业的技工贸总收入规模定为1 000万—5亿元,其中又分三个级别:总收入为1 000万—5 000万元,收入增长率达到20%或利润增长率达到10%;总收入为5 000万—1亿元,收入增长率达到10%或利润增长率达到10%;总收入为1亿—5亿元,收入增长率达到5%或利润增长率达到10%。

③ 企业必须接受中关村企业信用促进会指定的信用中介机构的信用评级,信用等级要达到ZC3(含)以上,加入中关村企业信用促进会并接受其信用管理。

(2) 客户范围

重点培育的“瞪羚企业”由中关村管委会通过网站对外公布,每两年调整一次。名单确定后,新增的中关村信用促进会评定的四星级(含)以上企业、新三板挂牌企业和境内外上市企业可随时补充列入。2010年,首批重点培育“瞪羚企业”共525家;截至2014年,重点培育“瞪羚企业”已达930家,行业涉及电子信息类、能源环保类、生物工程及新医药类、先进制造类、新材料类等。中关村管委会发布的重点培育“瞪羚企业”须满足以下条件:

第一,纳入中关村国家自主创新示范区统计范围的高新技术企业。

第二,企业信用状况良好,无不良征信记录。

第三,满足以下条件之一:纳入中关村国家自主创新示范区“瞪羚计划”企业名单,连续两年实现销售收入增长,并且复合增长率位于“瞪羚计划”同一收入级别企业的前200名;中关村信用促进会评定的四星级(含)以上企业;在新三板挂牌的企业;在境内外上市的企业。

已列入中关村“十百千工程”名单的企业不再纳入重点培育“瞪羚企业”名单。

一般“瞪羚企业”由中关村管委会定期通过网站对外公布,截至2014年共有3 232家一般“瞪羚企业”,其中规模为1 000万—5 000万元的有1 773家,规模为5 000万—1亿元的有598家,规模为1亿—5亿元的有861家。

7.3 中国农业银行“瞪羚诚信贷”流程

1. 资格认定

① 申请“瞪羚计划”贷款担保企业必须先取得高成长企业认定资格。该项资格认定以中关村管委会金融处于每年4月正式发布的核定名单为准。

② 申请企业若不是中关村企业信用促进会会员,则必须向信用促进会秘书处提出入会申请,并接受信用促进会认可的信用中介机构进行信用评级,获得ZC1、ZC2或ZC3信用等级的企业可成为正式会员。

2. 业务申请

借款人在办理业务时,应向中国农业银行提交《借款申请书》。

3. 业务受理

中国农业银行受理后,要求借款人提供以下资料:① 企业基本资料,

② 企业财务报表、公司章程、董事会决议等，③ 中关村高新技术企业资格证书、中关村企业信用促进会会员证书、企业星级证书，④ 中国农业银行要求的其他资料。

4. 业务审批

中国农业银行进行贷款调查、审查和审批。

5. 签订合同

① 在协作银行审批通过后，担保公司与企业签订《委托保证合同》和《反担保合同》等相关法律合同，并一次性收取担保费和评审费。

② 贷款企业应主动接受银行和担保公司的保后管理，以保证贷款资金的安全与有效使用。

③ 贷款企业按期履行还款义务后，若有担保需求，则可按程序向担保公司再次提出申请。

④ 若贷款企业到期不能履行债务，则担保公司在收到协作银行代偿通知后履行保证责任，然后启动对代偿企业的追偿程序。

6. 发放贷款、利息补贴申请与审批程序

企业在获得担保贷款后，可向担保公司提出“瞪羚计划”项目利息补贴申请。企业需填写《“瞪羚计划”项目利息补贴申请书》，连同所交纳的利息单复印件交担保公司审核；担保公司按自然年度分别于 3 月、6 月、9 月、12 月为企业办理贴息手续。

7.4 “瞪羚诚信贷”支持科技型小微企业的优势和劣势

1. “瞪羚诚信贷”的优势

(1) 担保费优惠收取

中关村管委会给予获得担保贷款的留学人员创业型企业、软件外包企业、集成电路设计企业 1%的担保费补贴，并于每年给予新增担保额 0.25%的担保费补贴，年度补贴额最高可达 1 000 万元。

(2) 贷款担保公司免初审

为“瞪羚诚信贷”提供担保的担保公司免于初审。

(3) 银行审批贷款速度快

“瞪羚企业”与合作银行执行快捷贷款审批程序。

(4) 利率优惠

“瞪羚诚信贷”执行流动资金贷款基准利率。

(5) 可获得政府相关部门贴息支持

根据信用状况,“瞪羚企业”可分为五个星级,具体依据中关村企业信用促进会《“瞪羚计划”企业星级评定管理暂行办法》进行评定。一星级至五星级“瞪羚企业”可获得的贷款贴息率分别为20%、25%、30%、35%和40%。

这些优势使得“瞪羚企业”能够更高效地获得融资,有效地将资金运用于企业的业务发展中。

2.“瞪羚诚信贷”的劣势

(1) 只适用于短期经营周转

“瞪羚诚信贷”主要采用信用方式获得授信额度,在授信期内可循环使用贷款资金,但仅适用于短期经营周转。

(2) 资格认定门槛较高

“瞪羚诚信贷”服务于总收入在5 000万元以上、信用评级为三星级以上的“瞪羚企业”。此外,企业还需满足经营期限为三年(含)以上,信用状况良好;经营财务状况良好,近两年持续盈利;企业实际控制人及其他股东或公司高管人员(不少于三人)愿意提供个人连带责任保证等条件。

(3) 授信额度较低

“瞪羚诚信贷”的贷款额度将根据申请人的具体情况确定,采用标准化产品信用方式的,最高为1 000万元。贷款额度原则上不超过企业上年应纳税收入的10%;不超过企业净资产的50%;企业负债率不高于70%,银行类负债和总资产之比不超过40%。如果企业存量授信额度由中关村担保公司担保,“瞪羚诚信贷”就可按照中关村担保公司担保额度的30%给予信用授信额度,这不受企业上年应纳税收入额度的约束。

7.5 中国农业银行“瞪羚诚信贷”存在的风险

1.“瞪羚企业”区域性聚集,系统性风险大

区域性聚集是“瞪羚企业”伴随新经济而出现的一种新现象,从新经济发展历史来看,“瞪羚企业”的出现与产业的发展阶段和区域的经济环境均密切相关,行业内系统性风险较大。换句话说,“瞪羚企业”并不是在任何产业的任何时期内和任一区域中都能出现,而是需要相对特殊的“新经济土壤”。

2.“瞪羚企业”间竞争激烈

新兴产业的诞生与“高风险”和“高试错”密不可分,而大企业一般无法承受“高风险”和“高试错”带来的一系列不确定性,只有创业型企业才有机会进行这一尝试。创业型企业通过海量的试错,诞生出成熟的商业模式和技术路线,在大量企业不断诞生和死亡的历程中发现成熟的商业模式与成功的技术路线。少量创业型企业在试错中幸存下来,就会成为“瞪羚企业”。

3.“瞪羚企业”除知识产权外的担保物不足

多数处于发展初期的企业,除了办公用的计算机设备和知识产权,并无其他实物资产,不少经营场所也来自租赁,属于典型的园区内轻资产企业。

4. 资金需求随公司经营规模的扩大而增多

随着公司经营规模的扩大,资金需求也逐步增多,公司有可能因没有足额的担保物获得银行贷款而陷入融资困境,严重情况下甚至可能导致之前的贷款无法收回。

5. 生命周期理论影响大

“瞪羚企业”的概念基于新经济的逻辑而产生，借助新经济条件下的企业生命周期理论，以企业在不同发展阶段的成长速度作为判断企业类型的核心要素，并明确指出“瞪羚企业”的前身为初创企业。在不稳定的宏观经济条件下，企业的生命周期也存在不确定性。

7.6 中国农业银行支持小微企业创新创业的措施

1. 出台专项政策，助力小微企业创新创业

2015 年，中国农业银行出台了《关于支持众创空间发展　推进大众创新创业的意见》《关于贯彻落实创新发展理念　加快发展科技金融业务的指导意见》等一系列支持众创空间以及科技型、创新型、创业型小微企业发展的政策措施，重点支持国家自主创新示范区、国家高新技术产业开发区等传统创新创业平台，以及创客空间、创业咖啡、创新工场等新型众创空间；落实国家“互联网+”行动计划，支持移动互联网、云计算、大数据、物联网等相关行业小微企业；重点支持纳入国家和省级高新技术产业投资基金、科技转化引导基金、中小企业创新支持基金、风险补偿基金扶持对象，进入政府采购创新产业和服务名单，以及获得天使投资、私募股权投资(PE)、风险投资(VC)等机构意向投资的科技型小微企业。

2. 推广科技支行，提高科技金融服务能力

中国农业银行在创新创业活跃、金融生态良好、国家重点发展的地区，不断推进科技支行的建设，并以科技支行为载体，推出“六专”(专门服务对象、专业团队、专属产品、专门流程、专项补偿、专项考核)科技金融服务模式，与政府部门和财政引导基金合作，将政府风险补偿基金、财政直补资金、政策性担保公司的担保作为合格的担保方式，提高科技支行的风险抵御能力，降低业务运作成本。目前，中国农业银行已在江苏、浙江等地设立了近

50家科技支行，发放贷款余额超过200亿元。

3. 研发特色产品，满足创新创业需求

2015年，中国农业银行围绕科技型、创新型和创业型小微企业“轻资产、高成长、高风险”的特点，研发推出“科创贷”产品，创新性地采用股权质押、专利权质押、保证保险等多种担保方式。中国农业银行还针对不同区域经济特点，在江苏、浙江、上海张江科技园区等地区推出“科贷通”“金科通”“瞪羚诚信贷”等一系列特色小微企业科技金融产品；推广“信贷工厂”模式，针对上海张江科技园区、北京中关村科技园区等区域科技型小微企业客户群的特点，设计表格式的批量调查与审批模板，有效地提升金融服务效率。

在农村地区，中国农业银行在大力推广农户小额贷款、农村生产经营贷款等产品的同时，还专门推出专业大户（家庭农场）贷款、农民专业合作社贷款等信贷产品，满足农民的创业需求。各分支机构因地制宜地推出了返乡农民工创业贷款、妇女创业贷款、大学生创业贷款等特色产品，进一步扩大了服务覆盖面，满足了大众创业需求。

4. 创新服务模式，提升金融服务能力

中国农业银行积极引入政府增信模式，依托政策性担保公司、政府风险补偿基金、保险公司和财政直补资金等政府增信机制，不断创新“银行+政府推荐+财政贴息”“银行+产业引导基金”“银行+创投基金”等融资模式，增强科技金融业务风险抵御能力，破解科技型小微企业融资难题；不断加强与政府部门、创业风险投资机构、担保公司、高新技术产业园区、创业孵化园区的合作，整合私募股权投资、风险投资、租赁、信托、担保等各方资源，共同为科技型小微企业提供“融资+租赁”“融资+保险”、上市发债、财务顾问、财富管理等综合金融服务；嵌入互联网众创、众包、众扶、众筹平台，利用大数据手段改进科技型小微企业客户信用评估方式，创建一套适用于平台科技型小微企业线上申请、评级、审批和贷后管理的在线融资模式，同时提供支付、结算、理财等一揽子在线金融服务。

2015年，中国农业银行针对北京中关村科技园区小微企业的特点，推出了"中关村海帆企业专属服务方案"（简称"海帆计划"）。"海帆计划"是由中关村海淀园管委会制定的针对核心区中小微企业的政府扶持政策。目前，中国农业银行已成为"海帆计划"重点合作银行。中国农业银行还携手"新三板"，共同加大对初创型企业的金融服务力度。2014年，中国农业银行与"新三板"签订战略合作协议，为"新三板"挂牌和拟挂牌的初创型企业提供综合金融服务，并积极推动符合条件的创新创业企业到"新三板"挂牌。2015年，中国农业银行与约600家"新三板"挂牌和拟挂牌小微企业建立了信贷合作关系，累计向近400户小微企业发放了300多亿元贷款。

5. 实施服务优惠，减轻小微企业融资负担

中国农业银行针对优质创新创业企业，采用相对优惠的利率定价条件，不断加大对创新型和创业型小微企业的收费减免力度，目前已停止收取除银团贷款以外的与贷款相关的涉企服务费用，切实减轻了小微企业的融资成本压力。2015年，中国农业银行进一步组织开展以服务收费为重点的小微企业金融服务政策落实情况自查，督导分行整改违规问题，确保收费减免真正惠及小微企业；为每家创新创业企业提供一个免费账户，免收年费和小额账户管理费；在有条件的地区推行资产内部评估，减少创新创业企业在抵（质）押资产评估、固定资产项目评估方面的评估费用支出；向创新创业企业优先推荐担保费率较低、担保能力较强的政策性担保公司与科技融资担保公司。

请思考

1. "瞪羚诚信贷"有哪些特点？

2. 商业银行开展"瞪羚诚信贷"有哪些风险？

参考文献

[1] 姜浩.农业银行出实招助力小微企业创新创业[N].财会信报,2016-03-14.

[2] 李留宇.“瞪羚诚信贷”:无抵押无担保的信用贷款产品[J]. 国际融资,2013,5(16).

[3] 李妍.“瞪羚诚信贷款”助跑中小高新技术企业[N].金融时报,2013-05-30.

[4] 刘鹏.瞪羚企业:高风险创业的幸存者[J].中国战略新兴产业,2015(02).

[5] 张宣.浅谈“瞪羚企业”信贷业务的风险控制及授信建议[J].工程经济,2014(03):42—47.

[6] 中关村发布瞪羚重点企业支持政策——26家银行出台重点培育企业金融服务方案[N].金融时报,2012-12-07.

8 北京银行"小巨人"促进科技型中小企业发展

摘要

科技金融是科技与金融相互融合的产业,创新是科技与金融结合的主要路径,科技与金融在创新的推动下实现双向融合,运用金融制度的创新安排,最终实现技术创新与金融创新相互叠加的效应。北京银行始终定位于服务中小企业,着力打造中小企业特色金融服务品牌,在市场营销、审批机制、业务管理、产品服务等方面大胆创新,推出"小巨人"中小企业成长融资方案,致力于为中小企业提供全面、便捷的融资服务。

8.1 北京银行“小巨人”支持科技型中小企业发展

拥有一项发明专利和六项实用新型专利的西安某化学科技公司，2013年由于业务规模的进一步扩大，公司在享受业务迅速发展带来企业规模效益的同时，项目建设的资金运转却越来越紧张，严重地影响了公司的进一步发展。“北京银行西安分行为我们提供了‘智权贷’金融服务方案，在评估了公司的发明专利和实用新型专利的使用情况以及这些专利的社会效益后，以此作为贷款的质押物，我们成功地获得了贷款，解决了发展的最大障碍。”该公司负责人说。

“智权贷”是北京银行于2009年5月为科技型中小企业提供的专项金融服务，是北京银行“小巨人”中小企业成长融资方案中区别于传统的、以不动产作为质押物向金融机构申请贷款的新型融资方式，具体指企业或个人以合法拥有的专利权、商标权、著作权中的财产权，经评估后作为质押物向银行申请融资。对于轻资产中小企业尤其是科技型中小企业而言，“智权贷”融资方式无疑给它们的进一步发展带来了福音。

8.2 北京银行“小巨人”产品分析

1.“小巨人”核心产品

北京银行“小巨人”中小企业成长融资方案包括“创融通”“及时予”“腾飞宝”三大核心基本产品包，“高科技类”“文化创意类”“节能减排类”三大行业特色附加产品包，内含五十种融资产品，全面满足处于创业、成长、快速发展等不同阶段的企业融资需求。除产品外，北京银行还提供包括渠道、服务、条款及定价等服务，构成针对中小企业的全面融资方案。

“创融通”面向创业初期的中小企业，产品包括小额担保贷款、助业贷、创业贷、转业贷，以及一般抵押贷款、一般质押贷款。“创融通”以绿色通道方式提高审批效率，以多种担保方式适应企业现状，引入政府政策支持，全力助推中小企业成长。“创融通”业务使北京银行提高了信贷授予的速度，满足了中小企业贷款“快”的需求。

“及时予”面向处于成长、成熟阶段、具良好发展前景的中小企业，产品包括银行承兑汇票拆分、循环贷款、商业承兑票据贴现、订单贷款、中小企业联保贷款、知识产权质押贷款、商圈贷款、无担保信用贷款、一般法人保证贷款、担保公司担保贷款、厂商银（储）贷款、商银储贷款、信保代理、国内保理等。以多样化的担保方式，解决中小企业经营过程中的资金短缺问题。“及时予”业务缓解了中小微企业受制于抵押物或担保而不易获取贷款的情况。在产品中，北京银行针对中关村科技园区积极开发联保联贷、专业担保公司担保、工业园区担保等多种担保方式，并且利用应收账款质押、股权质押、票据质押满足中小企业的短期资金需求。

“腾飞宝”的服务对象为快速成长的中小企业，产品包括财务融资顾问、债务重组、上市财务顾问、并购贷款、中小企业短期融资券及集合票据等升级专属型产品服务。“腾飞宝”业务使北京银行不再局限于信贷业务，通过上述中间业务，北京银行不但增加了盈利额，而且与客户形成了长期合作关系，增进了软信息的收集。

“小巨人”组合方案为满足中小企业个性化金融服务需求提供了重要手段，同时使银行分享了中小企业快速成长的收益，将单纯的放贷转变为跟踪企业成长，满足了企业不同阶段对金融产品的需求，帮扶企业成长，培养忠实客户，达到银企双赢的目标。

2.“智权贷”知识产权质押贷款

“智权贷”知识产权质押贷款是北京银行“小巨人”中小企业成长融资方案中，为推动首都地区高新技术产业科技成果转化、促进科技型中小企业发展而精心设计的特色金融产品。该产品主要面向科技型中小企业客户，要求借款企业以合法、有效的知识产权为质押向银行申请贷款，贷款资金用于满足企业的正常营运资金需求。其特色可以概括为以下几点：

(1) 创新担保方式

创新知识产权质押,以发明专利权、实用新型专利权和商标专用权、著作权等为核心质押物,担保方式灵活,借款企业既能以自有知识产权向担保机构提供反担保从而获得北京银行融资,又能直接以自有知识产权向北京银行经营单位提供质押从而获得资金支持。

(2) 发挥金融杠杆作用

知识产权质押产品的推出有助于借、贷双方客观衡量资产价值,降低贷款风险,促进资金优化配置,同时利用政府知识产权质押贷款贴息支持政策,积极发挥政府引导作用,从而充分发挥金融杠杆作用,推动企业创新,促进成果商品化和知识产权产业化,助推企业向规模化、产业化方向发展。

(3) 期限、额度灵活

北京银行知识产权质押贷款期限最长可达三年,能够有效支持科技型企业中长期发展;同时,单户知识产权质押贷款额度最高可达3 000万元(含),能够最大限度地满足企业的融资需求。

(4) 全面的服务体系

北京银行组建专家团队并指定特色支行操作业务,针对知识产权质押特点建立差异化审批流程,给予特殊风险授权,建立绿色审批通道。

8.3 北京银行“小巨人”支持中小企业发展的案例评析

中小企业融资的难点之一在于企业固定资产少,绝大多数科技型企业更是如此,它们的核心优势是创新的技术、知识产权、快速发展的市场,一些发展较快的企业还形成了一定的供应链系统,这些都是中小企业的核心资产。北京银行针对科技型企业的这些特点,大胆突破,推出了知识产权质押贷款。从社会效益方面来讲,知识产权质押贷款的推出,切实解决了广大缺乏有形资产但拥有知识产权企业的融资困难,得到了中小企业特别是科技型中小企业的广泛认可,使得众多企业在北京银行特色产品的支持下得以快速成长;在支持中小企业的同时,北京银行也树立了扶持中小企业的良好社会形象,进一步提升了品牌知名度。从经济效益方面来讲,目前,知识产权质押贷款平均利率为基准利率上浮 20%,创造了一定的经济价值,对中小企业和银行来说是双赢的。分析北京银行“小巨人”产品的特征,我们可以得到以下启示:

1. 基础产品与行业特色产品的组合——体现对细分市场的重视

以核心基本产品包充分满足多数行业中小企业的融资需求,做到基础产品标准化、批量化生产;再辅以行业特色产品包满足高科技类行业、文化创意类行业、节能减排类行业等中小企业的融资需求,做到重视市场细分,针对特色目标市场开展交叉销售,体现了以客户为中心,并以此提高特色行业中小企业对银行的忠诚度与贡献度。同时,这种针对特色行业,特别是文化创意类行业、节能减排类行业等新兴产业的产品开发,充分体现了区域经济发展的福利——北京较为发达、先进的产业发展格局为北京银行特色中小企业金融产品的开发提供了良好的外部环境和基础。

2. 立足中小企业成长周期开发金融产品——综合性产品设计理念

核心基本产品的产品组合充分体现了立足中小企业成长周期的产品设计特点,真正体现了产品创新以客户为中心的设计理念。“创融通”系列产品是面向创业初期的中小企业发放的,提供包括贷款、保函、银行承兑汇票等多种融资产品;“及时予”系列产品则面向处于成长、成熟阶段,具有良好发展前景的中小企业推出,提供包括担保公司保证、房屋抵押、知识产权质押、信用等多样化担保方式的融资服务;“腾飞宝”系列产品则更上一层,面向快速成长的中小企业,提供包括财务融资顾问、债务重组、上市财务顾问、并购贷款、中小企业短期融资券及集合票据等升级专属型产品服务。北京银行这种立足于中小企业成长周期金融服务需求特点的产品设计理念,相比立足于担保方式的单维的产品设计属性更具灵活性,还能很好地兼容担保方式这一设计要素,更具可行性与综合性。

3. 注重产品功能性要素设计，提升产品价值

立足于中小企业，为客户融资便利、节省成本考虑，充分体现了以客户为中心的经营理念。“及时予”系列中的银行承兑汇票拆分，利用银行票据解决企业担保问题，及时获取短期融资支持，并且为客户减少财务成本；而对那些用款频率高、资金使用灵活的中小企业则提供循环贷款，在合同期约定的贷款额度和有效期内，允许多次提款、逐笔归还、循环使用，在提款、还款和授信使用方式上为中小企业提供便利。

北京银行“小巨人”中小企业融资方案是国内城市商业银行中小企业金融产品研发的一个典范：立足中小企业成长周期不同的资金需求特点，开发设计不同的产品系列包，每一种产品包再立足于不同类型的中小企业、个体工商户自身的资源禀赋，创新担保方式或创新金融服务方式，进一步细分客户市场，真正实现以客户为中心、以市场为导向的经营理念和产品设计思路；而特色产品包的开发则充分体现了北京银行立足于北京区域经济发展优势，开发以发展为导向的新兴产业中小企业金融产品，也是特色化、差异化发展战略在产品设计理念中的贯彻与落实，是对未来国内经济发展模式及产业转型的深刻把握。

请思考

1. 北京银行“小巨人”融资方案如何做到支持科技型中小企业发展？

2. 不同规模银行的科技金融产品有何异同？

参考文献

[1] 陈一洪.城商行小企业金融产品开发探析——兼对北京银行“小巨人”产品体系的案例分析[J].内蒙古金融研究，2012(04)：16—19.

[2] 张文瀚，简赟.破解小微企业贷款难的对策——兼对北京银行“小巨人”产品评述[J].企业研究，2013，1(02)：165.

9 科技型中小企业融资租赁模式

摘要

融资租赁又称设备租赁或现代租赁，是指实质上转移与资产所有权有关的全部或绝大部分风险和报酬的租赁。资产的所有权最终可以转移，也可以不转移。融资租赁可以分为售后回租融资租赁、转租赁融资租赁、委托租赁融资租赁和直接融资租赁。不同租赁模式各有优劣。

9.1 售后回租融资租赁模式分析

1. 售后回租融资租赁业务

售后回租融资租赁是指设备的所有权人(承租人)先将自己的设备出售给租赁公司(出租人),双方签订《买卖合同》,之后承租人向出租人租回原来的设备,双方签订《回租合同》的一种方式。售后回租融资租赁的设备卖方和承租方是同一个人,是一种特殊的租赁形式。售后回租融资租赁业务流程如图 9-1 所示。

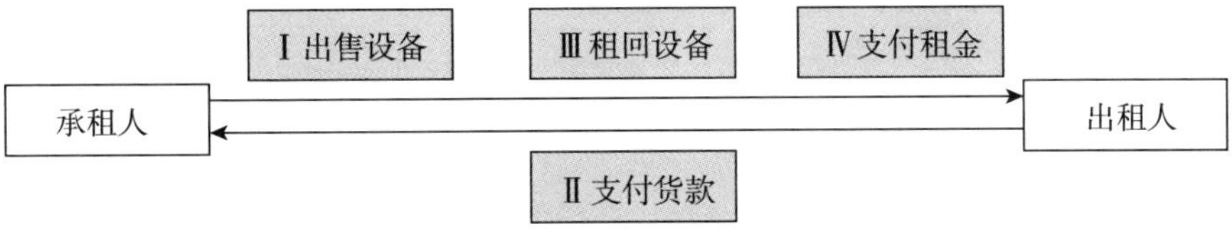

图 9-1 售后回租融资租赁业务流程

2. 售后回租融资租赁的优势

① 承租人既拥有原来设备的使用权,又能出售设备获得一笔资金,既可用于投资,也可用于交付租金,可以灵活使用资金。

② 租赁结束后,设备使用权依然归承租人所有,并未发生改变。但是,设备的维修、管理和操作人员已经对设备非常熟悉,承租人既可以减少培训费用的支出,又可以缩短熟悉设备的时间。

③ 科技型中小企业的资金使用效率会得到提高,可以盘活科技型中小企业现有固定资产,能够快速筹集企业所需资金,使企业有较多资金并保持流动状态。

3. 案例分析

2008 年,某主营手机制造的科技型中小企业与某租赁公司签订融资协议。该企业将自主研发的显示屏和核心处理器的所有权以 200 万元的价格,暂时(初定五年)让出和转移给租赁公司。在转让期间内,科技型中小企业仍然保留经营权和使用权，到期后回租所有权，科技型中小企业需要向租赁公司支付租金。

手机制造科技型中小企业作为承租人，租赁公司作为出租人，采用的是售后回租融资租赁模式。通过出售所有权，可以获得一笔资金，集中用于企业的生产与研发。在租赁期内，设备使用权归手机制造科技型中小企业所有；设备所有权名义上归租赁公司所有，可以收取租金。在不影响正常运营的情况下，科技型中小企业在五年后租回设备，付清全部租金，并支付资产残余价值后，可重新获得自主研发的显示屏和核心处理器的所有权。

9.2 转租赁融资租赁模式分析

1. 转租赁融资租赁业务

转租赁融资租赁是指租赁公司（第一承租人）从其他厂商（第一出租人）处直接租赁设备，租赁公司（第二出租人）再租给用户（最终承租人）的一种形式。租赁公司分别与第一出租人和最终承租人签订租赁合同，同一个租赁标的物在“第一出租人—转租人—最终承租人”之间流转，形成一种多条理的、层次分明的融资租赁关系。其中既扮演出租人角色又扮演承租人角色的人被称为转租人。第一出租人享有租赁标的物（租赁设备）的所有权。转租赁融资租赁业务流程如图 9-2 所示。

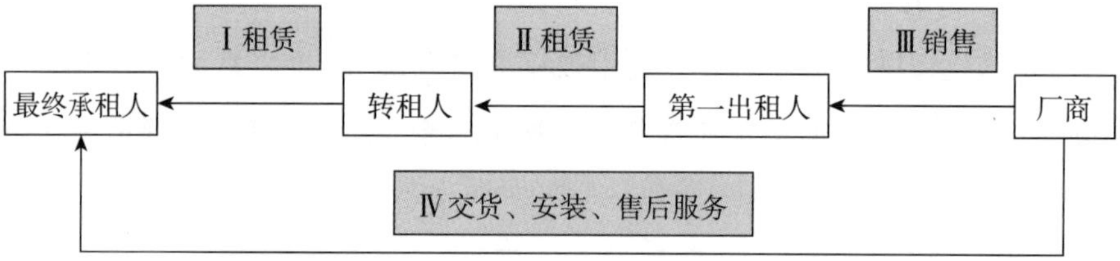

图 9-2 转租赁融资租赁业务流程

2. 转租赁融资租赁的优势

① 通常，科技型中小企业的资信状况不是非常完善，租赁公司并不能很

快提供融资。此时，租赁公司若能找到一个自己满意的第三人，让介入的第三人作为转租人，融资租赁交易则能很快达成。

② 当租赁公司不便监控出租人时，这时有个第三人（即转租人）介入，易于租赁公司在租赁期间监察出租人。这一方面降低了租赁公司收不回资金的风险，另一方面也使科技型中小企业更易于达成融资租赁交易。

3. 案例分析

某新材料科技型中小企业与某家具装饰有限公司签订了精品家具城租赁合同，新材料科技型中小企业想要租赁家具装饰有限公司的设备。合同约定：家具装饰有限公司同意将本公司内南侧一楼的高新科技墙纸、多功能窗户以及具备旋转功能的天花板整体租赁给租赁公司。之后，租赁公司再把高新科技墙纸、多功能窗户以及具备旋转功能的天花板整体租赁给新材料科技型中小企业，签订了家具装饰设备总体转租合同，合同约定：家具装饰有限公司同意将约定好的租赁物出租给新材料科技型中小企业使用。

由于不了解新材料科技型中小企业，租赁公司作为转租人向家具装饰有限公司进行租赁，再租给新材料科技型中小企业，最后家具装饰有限公司完成对新材料科技型中小企业的交货与安装。

9.3 委托租赁融资租赁模式分析

1. 委托租赁融资租赁业务

委托租赁融资租赁是指承租人与设备制造商（设备供应商）签订融资租赁协议，承租人在设备制造商处选择所需租赁的设备，与租赁公司签订购买合同；出租人受委托人委托，向事先选定好的、特定的承租人租赁设备，租赁公司与承租人签订租赁合同。委托租赁融资租赁业务流程如图 9-3 所示。

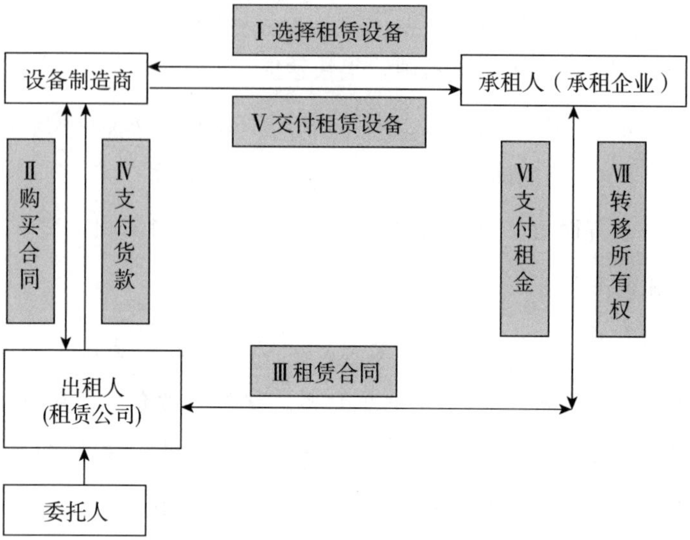

图 9-3　委托租赁融资租赁业务流程

2. 委托租赁融资租赁的优势

① 科技型中小企业作为委托人,可以向租赁公司发出书面委托,指定自己想要合作的承租人开展融资租赁业务,使得信息成本降低、租赁效率提高。

② 在融资租赁期间,租赁设备的所有权归委托人(科技型中小企业),承租人根据租赁合同向出租人支付租金,出租人收取手续费,不承担风险。

3. 案例分析

某科技型中小企业从事纳米技术的研发与生产业务,现在因机器设备老旧而急需增添一批新的设备以扩大生产,但企业资金周转艰难,最终决定采用委托融资租赁方式盘活运作。该企业委托租赁公司向设备厂商融资租赁了 500 万元的流水线生产设备,租期十年,每年支付两次租金,并自筹融资额的 20%作为租赁保证金。

科技型中小企业作为委托人,委托租赁公司向深圳市纳米港有限公司融资租赁 240 万元的流水线生产设备,深圳市纳米港有限公司与租赁公司签订租赁合同,承诺定期支付租金。这种方式既可保证企业的正常运转,在资金问题上也没有“大动干戈”，使得企业资金紧张问题得到缓解，企业资产得到盘活。

9.4 直接融资租赁模式分析——以医疗设备行业为例

1. 医疗设备行业发展现状

在医药行业科技型中小企业中，医疗设备通常价值上千万元甚至上亿元，对于需要扩大这些昂贵设备再生产的科技型中小企业来说，无疑是一笔巨额的费用，也是一个沉重的负担。对于有这种设备融资需求的企业来说，巨额的资金成为制约其发展的关键。

我国医疗设备行业的发展潜力很大，市场需求非常旺盛，逐年递增。我国医疗设备企业成千上万，2010 年医疗设备行业总产值达 1 000 亿元左右，2011 年我国医疗设备行业总产值为 1 650 亿元左右；2012 年我国医疗设备行业企业近 900 家，其中大型企业不到 2%、中型企业近 150 家、小型企业近 700 家，而规模以下企业更是不胜枚举（中国医药联盟，2012），如图 9-4 所示。对于医疗设备科技型中小企业来说，这种知识密集、资金密集的高技术产业非常需要融资租赁的介入。

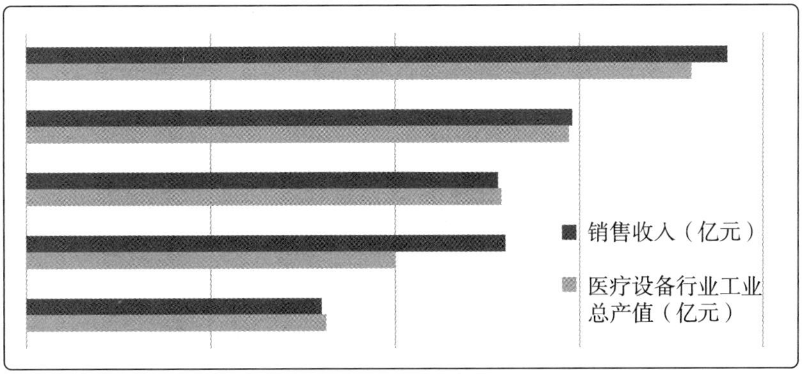

图 9-4 2009—2013 年我国医疗设备行业工业总产值和销售收入

资料来源：《2014—2018 年中国医疗设备行业竞争格局与领先企业分析报告》。

2. 医疗设备行业融资租赁业务

医疗设备融资属于直接融资租赁的一种,是很普遍也很简化的一种融资租赁形式。直接融资租赁,即承租企业(承租方)向供货方选择所需购买的设备,租赁公司(出租方)购置承租方需要的设备,然后租赁给承租方,签订融资租赁合同并收取佣金,如图 9-5 所示。由于租赁的设备是承租人事先选好的、特别预订的设备,一旦承租方不履行合同内容、提出解约,出租方就要为此承担较大的风险,设备很难再租赁给其他人。这种租赁方式关系简单、手续较为简便,需要出租方有良好的信用能力和资本实力。承租方在租赁期限内并不是设备的所有权人,但是享有设备的使用权,并对设备负有维修和保养的责任。

固定资产、大型设备的购置非常符合这种融资租赁模式的条件。针对医疗设备价格高昂而科技型中小企业普遍资金不足的问题,医疗设备行业往往会采用这种融资租赁模式。

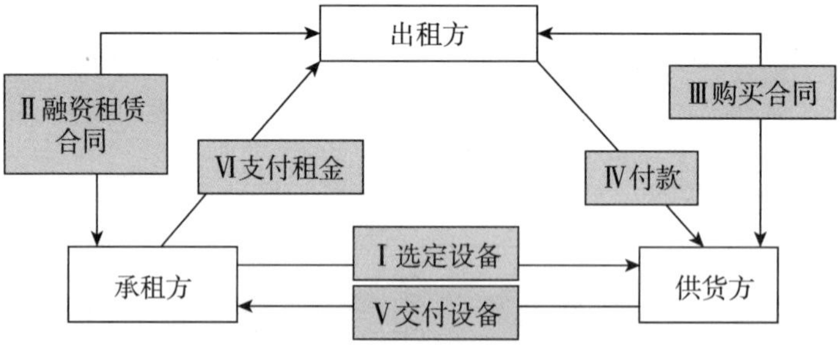

图 9-5 医疗设备直接融资租赁业务流程

3. 医疗设备行业直接融资租赁的优势

① 租赁期届满后,科技型中小企业可以留购设备,所有权由出租方转移到承租方。

② 租金支付灵活。科技型中小企业可以根据企业的现实状况支付租金,避免出现财务危机,缓解企业的财务压力。

③ 能够较快地获得医疗设备。以直接融资租赁的方式,企业可以尽快获得先进医疗设备,利用所需的器械设备开展工作。仍处于发展期的医药

设备科技型中小企业,只需支付不到设备价格一半的租金就可获得设备的使用权,业务处理时间加快,提高了工作效率。

④ 融资款项可直接用于设备采购,非常适用于科技型中小企业的设备更新和购置。

4. 案例分析

2011 年,山东新华医疗设备股份有限公司采用直接融资租赁的方式为子公司融资 1 亿元,用于直接租赁所需的医疗影像诊断设备和血管专用监控仪器。

山东新华医疗设备股份有限公司为了实现项目设备投资与项目成本回收周期的正向匹配,采用医疗设备行业科技型中小企业普遍使用的直接融资租赁方式取得设备的使用权。这种融资租赁模式有效缓解了企业在项目前期的资金压力,实现了项目资金的有效配置。

9.5 不同融资租赁业务模式的比较

根据上述科技型中小企业的融资租赁模式分析,现总结比较不同业务模式产生的原因或作用、与直接融资租赁的区别、适用情况以及签订合同四个方面,从中揭示科技型中小企业融资租赁模式的差异,如表 9-1 所示。

表 9-1 不同融资租赁业务模式比较

业务模式	产生原因或作用	与直接融资租赁的区别	适用情况	签订合同
售后回租	承租人流动资金不足	承租方和设备卖方为同一人	流动资金或自有资金不足的企业	买卖合同 回租合同
转租赁	第一出租人资金不足	有两个或以上的出租人(第一出租人、第二出租人)	固定资产、大型设备购置	买卖合同 租赁合同 转让租赁合同

（续表）

业务模式	产生原因或作用	与直接融资租赁的区别	适用情况	签订合同
委托租赁	使得没有租赁经营权的企业可以“借权”经营	出租人不是设备的供给方	同上	买卖合同 租赁合同
直接融资租赁	承租人融资较困难	—	同上	买卖合同 租赁合同

资料来源：根据网络资料自行整理。

请思考

1. 科技型中小企业采用融资租赁模式的动因是什么？
2. 科技型中小企业采用融资租赁模式的风险有哪些？
3. 不同融资租赁模式的优势是什么？

参考文献

[1] 江小毅.民营科技企业开展融资租赁业务的问题及对策研究[J].金融与经济，2008(06)：87—90.

[2] 孙亚峰.我国中小企业融资租赁问题研究[J]. 经济师，2010(03)：267—268.

[3] 田桂玲.科技型中小企业利用融资租赁的探讨[J]. 财经纵横企业导报，2011(13)：37.

[4] 徐虔. 美国融资租赁行业的发展[J]. 银行家，2018(01)：122—125.

10　生物医药企业供应链融资模式

摘要

传统融资模式是指银行在融资过程中片面地对企业进行考察,而现在科技型中小企业的轻资产趋势极为明显,固定资产较少,企业很难顺利获得贷款,即便贷款成功,所需时间也很长,不能及时得到资金以便开展营运。与传统融资模式不同,供应链融资模式关注的是整条供应链,评估供应链,从上、中、下三个层面进行融资。在供应链融资中,银行不再是贷款融资的主体,而是作为一个中介,作为融资贷款中的一部分、一个营运环节而存在。供应链融资更多的是对科技型中小企业的市场销售情况进行调查和前景评估,对核心企业的上下游企业进行信誉评估并作为核心企业贷款的依据,有多种方式的担保物和质押物,可以提高供应链中企业的资产流动性,从而极大缩短了贷款流程的时间,及时给予了科技型中小企业融资帮助,同时还缓解了科技型中小企业的还款压力。

10.1 供应链融资的概念和模式

1. 供应链融资的概念

关于供应链融资,至今还没有统一的、明确的定义。供应链融资与供应链金融的概念是相同的,即银行将核心企业与其上下游企业视作一个整体并为这个整体提供多种融资方式。“N+1+M”是供应链融资的基本公式,“1”表示核心企业,“N”表示位于上游的企业,“M”表示位于下游的企业,将“N”“1”“M”看作整合在一起的整体,为其提供一系列的金融服务,这个过程看似一条链,我们称之为供应链融资。

即便供应链融资还没有一个准确的定义,但供应链融资模式已经在各行各业广为应用起来。例如,“金银仓”就是中国建设银行为中小企业供应链融资提供的专门服务;而中国建设银行的“E贷通”是为电子商务供应链融资专门设立的;平安银行的供应链融资专项服务与其他业务的不同体现在线上服务方面,即银行提供在线融资、结算等服务。

2. 供应链融资的模式

(1) 动产质押模式

动产质押模式就是企业将自己的动产作为质押物给银行,以得到可以用来运营公司的资金。在动产质押期间,企业可以随意更换质押物,只要更换的质押物价值不低于质押时核定的最低价值标准。动产质押模式的优势在于:用于质押的动产可以随时进行质押和更换,也就是不再受时间和空间的限制,可以让流动资产继续流动起来;同时,还开辟了解决科技型中小企业融资难的新途径,可以提升企业的经营运作管理能力。但是,动产质押具有较强的流动性,而且这种流动性是不稳定的,会产生一定程度的风险。

(2) 应收账款融资模式

上下游企业以其对核心企业的应收账款单据为质押担保物,向银行申请贷款,最后还款时间不超过应收账款单据上所注明的时间,银行在其中起媒介作用。银行在向中小企业提供贷款的时候，会调查核心企业及中小企业，调查内容包括其产品在市场上的接受度以及企业的还款能力和风险。在货款到期时，承贷企业将收回的应收账款资金作为还款额还给银行。这种应收账款融资模式对科技型中小企业来说没有抵押物、担保物的硬性要求，可以及时获得资金，同时也灵活地运用了应收账款的还款额期限。

（3）预付款供应链融资模式

核心企业要求先付款后发货，同时下游企业向银行交纳一定的保证金，并使用银行发放的全部货款用于购买核心企业的产品；接下来，下游企业分批次向银行交纳提货保证金，而核心企业按照银行的通知，依据下游企业提交保证金的批次对向下游企业发货。以上一系列过程被称为预付款供应链融资模式。预付款供应链融资给资金活动提供了很大的活动空间，不再要求科技型中小企业一次性付清货款，直接解决了科技型中小企业的还款压力问题。

3. 供应链融资模式与传统融资模式的比较

传统融资模式是指银行在融资过程中片面地考察企业，例如企业规模的大小、担保方式的多样性、企业固定资产的多少和各项财务指标的高低。银行在运用传统融资模式时，往往基于一些客观的条件淘汰规模小的科技型中小企业，而且当前的科技型中小企业拥有较少的固定资产，财务报表存在漏洞和不足，担保物不够或者担保物不符合担保要求，都导致科技型中小企业很难基于传统融资模式顺利获得贷款。即便贷款成功，所需时间也很长，不能及时取得资金开展营运。

与传统融资模式不同，供应链融资模式关注的是一整条供应链，然后对该链条进行评估，从上、中、下三个层面展开融资。在供应链融资中，银行不再是贷款融资主体，而是作为中介方，作为融资贷款中的一部分、一个营运环节而存在，这是因为与传统的融资模式相比，供应链融资更具稳定性。多方面对比供应链融资模式与传统融资模式可以看出，供应链融资模式在各个方面都没有严苛的条件，对固定资产没有硬性的、强制的限制，更多的是对科技型中小企业的市场销售情况进行调查和前景评估，对核心企业的上下游企业进行信誉评估并作为向核心企业提供贷款的依据，有多种方式的担保物和质押物，可以提高供应链中企业的资产流动性，这样就大大地缩短了贷款各流程的时间，及时向科技型中小企业给予融资帮助，同时缓解了科技型中小企业的还款压力（见表10-1）。

表10-1 传统融资模式与供应链融资模式的对比

	传统融资模式	供应链融资模式
融资方式	单一	具有多样性，例如动产质押融资模式、应收账款融资模式、预付款供应链融资模式等
主体	以核心企业和银行为主体	不是孤立地看核心企业，而是将上下游企业与核心企业看作一个整体
银行的作用	是直接对企业进行融资借贷的主体	银行起中介作用
灵活性	弱	强
审核时间	流程审核严苛，审核时间长	审核时间短，流动性强
融资成本	高	低

4. 科技型中小企业供应链融资的理论基础

（1）信息不对称理论

当前，资本市场的信息发布是相对公开和透明的，但是从某些方面来说，获取信息还是要付出相应代价的；并且对于市场来说，在巨量的信息匹配过程中，许多市场主体（各种各样的市场参与者）仍然无法获得对等的信息。不对称的信息不仅会削弱市场效率，还会对投资人的风险和收益分析行为产生阻碍作用。

在融资过程中，如果科技型中小企业的信息不透明，银行就会更愿意选择大企业进行放贷而放弃小企业。这样在信贷市场中，科技型中小企业始终处于劣势地位。科技型中小企业还有一个缺陷是财务报表不规范，提供给银行的财务信息也就不明确、真假难辨，使得银行无法做出正确的信用评估。

（2）交易成本理论

只要存在买卖就必然存在成本，在资本市场的交易活动中也存在类似的成本，例如发行股票或债券都要支付发行费用，交易证券要支付佣金和印花税等。交易的方式、种类的不同也会导致交易所需的费用不同，交易费用的高或者低都会影响交易者的交易决策。交易成本的存在大大遏制了市场上一些投机者的套利行为。

科技型中小企业抵押物少、财务报表存在缺陷，银行在查证科技型中小企业情况方面存在漏洞，财务报表无法真实地反映科技型中小企业的现状和情况，因此对于科技型中小企业或者银行而言，为了达成贷款融资的目的，双方都要付出大量的交易成本，如劳动力、物力。在供应链融资模式中，与科技型中小企业紧密关联的其他企业可以为银行提供信息，这样就可以节省人力、物力，并且让银行可以做出相对明确的判断。在现今的社会中，并不是银行不对科技型中小企业实行宽松的放贷政策，而是科技型中小企业集体缺失信用。在供应链融资模式中，科技型中小企业可以通过其他方式提升自己的信用度，促使银行给予放贷，同时也大大降低了银行与企业间的交易成本。

（3）自偿性贸易融资理论

在一个较短的时期内基于企业的预付存货或者应收账款等各种资产进行融资的方式叫作自偿性贸易融资。在此，债务的支付有两个主要的来源：首先是资产产生的收入，如销售收入或者质押收入；其次是企业经全方位评估的偿付能力。资产收入是自偿性贸易融资中的首要选择，是重中之重。

在供应链融资模式中，银行放贷不再是对单一的科技型中小企业进行评估，而是根据对科技型中小企业的上下游企业的整体评估决定是否放贷；也不再是对科技型中小企业的经营状况和财务报表进行单独的评估，而是结合科技型中小企业的实际贸易融资情况和现实，将科技型中小企业与上下游企业看作链性的整体，依据上下游企业的信用状况进行评估，同时依据上下游企业的信誉为核心的科技型中小企业增信，从而对以科技型中小企业为核心的供应链整体进行放贷。

10.2　生物医药行业中小企业的供应链融资分析

1. 生物医药行业的发展现状

目前，医药行业有三大分支，分别是生物医药、化学药物和中药。生物医药行业是现今发展迅速、走在发展前沿的产业，是医药行业备受瞩目的后起之秀。

截至目前，我国医药行业从一个稚嫩的雏形期进入较为缓慢的成长发展期。当前，生物技术广泛地应用于各个行业，在各个行业中发光、发热并产生深厚的影响。我们所谈论的高科技，包括生物医药和计算机微电子技术等知识密集型产业，而多方面的研究表明生物技术是发展的核心、发展的潜在动力。现阶段，我国生物制药企业的行业特征是高技术、知识密集、高投入(一个基因工程的投入为 1 亿—3 亿美元)，而基因类型的医药工程并不多，可以开展高端生物制药的企业更是屈指可数，加之行业内部融资方式多为传统的单一融资方式，可融资金额少、融资效率低，无法满足整个产业链从研发、临床到制药等长时间的融资需求，尤其是生物医药企业在研发中期需要大量的资金，然而融资环境却无法提供持续的资金，无法跟进项目，从而大大阻碍生物医药行业的发展，更会弱化投资人的投资意愿。可以说，生物医药行业的融资困难严重制约了我国生物科技的蓬勃发展。

当然，生物医药行业还存在产业结构不合理、创新能力不足、人才不足等问题，制约行业自身的发展。

2. 生物医药行业发展存在的问题

(1) 政府政策层面的问题

生物医药行业的研发至生产时间平均为 10 年左右，其中研发阶段所需经费金额高昂、耗时较长。在这一阶段，由于生物科学技术较为先进、前沿，且开发研究需要获得政府审批而审批制度又十分严格,因此审批制度的严格、审批时间的漫长也对生物医药行业的发展产生一定的影响。第二阶段是临床阶段,一般耗时3—5年。临床阶段最大的问题是人体药理试验部分,目前志愿者较少,一定程度上制约了生物医药项目的进展。第三阶段是生产,要求较高的科学技术水平,而且大都掌握在寡头企业手中,因而无法形成良性的市场机制。

此外,政府政策下达缓慢也在一定程度上制约了生物医药行业的发展。从多方的反应来看,政府并不是没有制定协助科技型中小企业发展的政策,而是在政策下达方面传送慢,或者地级市政府根本就没有向科技型中小企业下发政策文件,导致许多科技型中小企业根本不知道政策的存在,这样就给科技型中小企业的融资和持续发展带来了许多现实问题。

总体来看就是审批机制过于严格,而政府政策下达不到位。

(2)金融中介机构层面的问题

当前,生物医药企业的融资渠道主要有银行融资或者股票融资,即所谓的债务性融资和权益性融资。企业在进行债务性融资的同时达成如期偿还本息的约定,企业在制定管理或发展决策时债权人无权干涉,债权人也没有权力干预资金的去向和预留等问题。而权益性融资与债务性融资恰巧相反,投资人可以干预和参与企业的发展或管理决策,投资人也可以获得与投资投入对等的分红,但与此同时投资人会失去撤回投资资本的权利。

银行、保险公司和证券公司等是较为常见的金融中介机构。近年来,中国采取紧缩性货币政策,银行紧缩银根,2014年甚至发生“钱荒”,隔夜拆借利率高达20%,从侧面反映出生物医药企业想利用银行融资方式获得资金用于企业发展是十分困难的。我国对金融机构监管和融资方式的审核也比较严格,2006年政府叫停了与信托相关的各项业务,2014年叫停了IPO(首次公开募集资金),客观上一定程度地妨碍了部分生物医药寡头企业的发展。

自2007年“信托新政”开始实施起,这一举措削减了信托公司的大量业务,除同业拆借以外,信托公司不能开展其他负债类业务,而信托公司所有的财产在一定程度上不能进行其他投资活动。信托公司受到的种种限制对生物医药企业产生了直接影响,减少了生物医药企业的融资渠道。修订的《中华人民共和国证券投资基金法》首次将非公开募集基金纳入调整范围,意味着私募证券投资基金的地位合法化。这次调整,除了向符合条件的证券公司发放公募基金牌照,还降低了基金公司的准入门槛,为新基金公司的设立提供了极大的便利。这在一定程度上推动了基金公司的发展,助推了生物医药企业的融资进程;但总体上,融资方式单一、融资金额较低、融资期限短是金融中介机构向生物医药企业提供融资的通病。

(3) 其他融资方式的问题

除了正规金融中介机构的融资,生物医药企业很大一部分的融资来源是民间资金,也就是传统意义上的民间借贷。民间资金以散户的形式进入地下钱庄(影子银行),一般通过中间人进行资金链的传动,在资金汇集到影子银行之后,生物医药企业以债务方式从影子银行融得资金。除了担保、小额贷款等传统的民间借贷方式,向典当行进行典当也成为当下解决融资问题的一种主流方式。民间借贷具有流动性强、借贷方式灵活等优点,在一定程度上满足了生物医药企业的资金需求。因为民间借贷大多是秘密进行的,在借贷交易成立时,借贷手续并不完整,没有固定的抵押物和担保物,更没有坚实的法律基础作为借贷双方的依靠,所以日后一旦有一方毁约或者发生其他突发情况就极易引发纠纷。这是其中最为严重的问题,不仅威胁着民间借贷市场,还威胁着社会和谐。

除此之外,生物医药行业虽前期投入巨大但后期回报同样可观,然而因时间长致使许多投资人等不及,不愿意针对生物医药行业开展融资借贷,许多风险投资也望而却步。

10.3 供应链融资在生物医药行业中的具体运作

1. 生物医药企业与银行合作商谈

银行在与生物医药企业合作前要进行谈判,签订合约。为了让银行准确地分析生物医药企业的各项数据是否符合借贷条件,生物医药企业应当全力配合银行的调查工作,按程序提供银行要求出示的各种证明及报表。银行应当按照合约要求,向生物医药企业放贷;而生物医药企业应当遵守合约偿还本金利息,如果生物医药企业没有遵守合约,银行有权向担保企业追偿。除此以外,银行有权监督生物医药企业是否按照合约规定开展生产和研究活动。

2. 银行对生物医药企业进行授信调查

在供应链融资中,即使向生物医药企业提供融资,银行也应当对生物医药企业进行授信调查。

第一,在调查过程中核实生物医药企业的基本信息,如果生物医药企业掌握某项科学技术(是否独有或者是否有竞争力)或者在生物医药行业中拥有广阔的市场和良好的前景,产品就可能有较高的预期利润。银行应当全面调查、核实这些信息,若上述条件存在漏洞或者不成熟,则不适合向企业放贷。

第二,调查生物医药企业的信誉。现今,科技型中小企业(含生物医药企业)的整体信誉不高甚至偏低,由此出现融资难的问题。银行可以查询人民银行征信系统,从中获得生物医药企业的信用状况。如果是没有贷款记录的企业,就要从财务报表、上下游企业信用状况等方面评估生物医药企业,灵活调查生物医药行业的中小企业。例如,企业有没有拖欠电费的记录,整个行业中的同行及客户对企业信誉的评价,从员工处了解工资是否按时发放,从生物医药企业的购销合同中查看是否有违约、拖欠等行为,然后决定是否向该生物医药企业放贷。这要求生物医药企业必须在各方面保证良好的信用状况,同时突破了刻板的调查,询问灵活,为银行评判提供了更真实的信息。

第三,银行应当调查生物医药企业的借款用途。借款用途显示生物医药企业未来的业务发展方向以及是否有回报。这要求银行调查还款来源,并考察是否可靠。

第四,财务成本承受力。但凡存在买卖及借贷等问题,就必然存在成本的问题,即银行与生物医药企业在签订借贷合同的同时会产生大量的交易费用。在供应链融资中,生物医药企业运用上下游企业的应收账款融资模式进行融资,这样可以用应收账款还款付息,偿债承受能力得到一定的保证。

第五,质押物保证充分、安全。在供应链融资中,生物医药企业可以采用动产质押的方式融资,如以存货、仓单等为质押,从而弥补了生物医药企业担保物、质押物不足的缺陷。那么在这个过程中,银行应当审核生物医药企业的质押物,包括质押物价值与贷款额是否等价,以及质押物是否安全等。

3. 银行授信中小企业的过程

生物医药企业在申请贷款时,必须向银行提交《授信申请书》,其中要写明生物医药企业及其担保企业的信息、两者之间的业务往来及贷款金额等。银行在审批后向生物医药企业发放《业务通知书》,其中要写明额度、贷款时限、利息等。合同签订后,生物医药企业可以获得贷款,而银行可以按时收取本金和利息。

10.4 供应链融资对生物医药行业的重大意义

供应链融资对生物医药行业具有重大的意义。首先,为生物医药行业解决融资难问题提供了新的途径,使生物医药行业融资过程中缺少抵押物的问题得到了有效解决。其次,供应链融资将生物医药企业和上下游企业及银行视为一体,使三方的利益最大化,为生物医药企业指出了发展的道路,让产业链更加顺利地运行。最后,发展供应链融资可以让生物医药企业及其上下游企业充分利用抵押物,从而解决融资困难;以上下游企业的信用弥补生物医药企业的低信誉,从各个方面加强生物医药企业和上下游企业的配合关系,从而增强整条供应链的竞争力;降低生物医药企业的融资成本,缓解贷款压力。

请思考

1. 供应链融资模式的主要节点有哪些？
2. 与其他金融产品相比，供应链融资有哪些特点？
3. 科技型企业运用供应链融资有哪些风险？

参考文献

[1] 江伟，姚文韬.《物权法》的实施与供应链金融——来自应收账款质押融资的经验证据[J].经济研究，2016，51(01)：141—154.

[2] 张强.供应链金融风险特征及审计应对策略[J].南京审计大学学报，2016，13(03)：105—113.

[3] 张伟斌，刘可.供应链金融发展能降低中小企业融资约束吗？基于中小上市公司的实证分析[J].经济科学，2012(03)：108—118.

[4] 郑忠良，包兴.供应链金融应收账款融资的检查率和惩戒机制研究[J].经济评论，2014(06)：149—158.

11 中关村中技服务集团为科技型企业提供投融资综合服务

摘要

中关村中技服务集团针对科技型企业轻资产、高风险、高成长、高收益的特点，以及在融资过程中经常遇到的知识产权评估难、质押难、处置难的问题，创新性地建立了中国首家“评—保—贷—投—易”五位一体的科技型企业投融资综合服务体系，为科技型中小微企业量身定制了“知识产权和股权质押”融资产品，更好地为科技型企业开展投融资服务。

北京中关村中技知识产权服务集团(以下简称“中关村中技服务集团”)成立于2014年12月14日,由北京海淀区国有资产投资经营有限公司出资设立,实缴资本4 000万元,定位于科技型企业投融资综合服务体系的运营管理平台。

中关村中技知识产权服务体系由核心层和联盟层构成。核心层的实施主体包括:以“专利价值分析指标体系”为基础方法的知识产权评估公司、注册资本20亿元的融资担保公司、20亿元的股权投资基金、商业保理公司、中关村互联网金融服务中心、众信金融、知识产权交易平台和股权交易平台。联盟层是指由众多银行、信托公司、小贷公司、保理公司、P2P和投资机构组成紧密合作关系的战略联盟。核心层的目标在于帮助联盟层看懂知识产权价值,看清科技型企业股权价值,建立风险分担机制,通过核心层和联盟层的互动,为科技型中小微企业提供更快、更多、更便宜、更安全、更丰富的金融支持,助力企业更好地运用知识产权实现企业价值。

根据国家“十三五”规划建议中“关于加强技术和知识产权交易平台建设的建议”,以及《关于中关村国家自主创新示范区建设国家科技金融创新中心的意见》进一步明确的“不断推出新的科技金融创新试点,全面开展知识产权投融资体系建设,构建从知识产权评估、金融服务、交易处置等一体的投融资服务体系”的要求,中关村中技服务集团针对科技型企业轻资产、高风险、高成长、高收益的特点,以及在融资过程中经常遇到的知识产权评估难、质押难、处置难的问题,创新性地建立了中国首家“评—保—贷—投—易”五位一体的科技型企业投融资综合服务体系,为科技型中小微企业量身定制了“知识产权和股权质押”融资产品,更好地为科技型企业开展投融资服务。

11.1 中关村中技服务集团成立的背景

科技型企业知识产权质押融资需求旺盛,尽管知识产权质押融资业务已开展多年,银行也出台了相应的扶持政策,但知识产权融资的供应还远远不能满足科技型企业对知识产权质押融资的需求。处于初创期的高科技企业,其知识产权尚处于培育阶段,估值较低,但未来发展前景可期,考虑到股权稀释问题,企业经营者一般不愿进行股权融资,因此初创期的高科技企业对知识产权质押融资的需求极大。高科技企业一般利润较高,愿意承担银行融资的高成本;同时,高科技企业通过知识产权融资,能够实现知识产权的定价,积累企业信用,为未来发展奠定信用基础。因此,高科技企业对知识产权融资存在战略性需求。

目前,受限于估值方法不统一、评估制度不完善等因素,知识产权评估难的问题一直难以解决,银行在受理知识产权质押融资时,通常会压低企业的贷款额度,从而使双方就知识产权价值无法达成共识,导致知识产权融资额度过小、融资价值没有得到有效体现。

在此背景下,中关村中技服务集团发挥自身资源优势,与众多银行、信托公司、小贷公司、保理公司、P2P 和投资机构形成战略联盟,合力打造国内领先的科技金融生态体系。

中关村中技服务集团下设知识产权评估公司、注册资本 20 亿元的融资担保公司、20 亿元的股权投资基金、商业保理公司、中关村互联网金融服务中心、众信金融、知识产权交易平台和股权交易平台。中关村中技服务集团构建综合服务体系的目标在于:看懂知识产权价值,看清科技型企业股权价值,建立风险分担机制,通过核心层和联盟层的互动,为科技型中小微企业提供更快、更多、更便宜、更安全、更丰富的金融支持,助力企业更好地运用知识产权实现企业价值。

11.2 中关村中技服务集团五位一体的运营模式创新

针对国内科技型中小微企业普遍轻资产、高风险、高成长、高收益的特点,以及在融资过程中经常遇到的知识产权评估难、质押难、处置难问题,中关村中技服务集团联合中国技术交易所,创新性地构建了“评—保—贷—

投—易”五位一体的科技型企业投融资综合服务体系，为企业提供系统性解决方案。首先，由咨询公司为科技型企业评估知识产权价值维度，由基金公司判断企业投资价值；其次，以“股权+知识产权”为抵押，由融资担保公司为企业担保，让企业获得低成本（不超过10%）、快速（最快10个工作日）的银行贷款，或者由基金公司直接投资企业。其中，债权业务以担保公司、保理公司为主，股权投资以基金公司为主。承办不同业务的多个公司合作，不仅可大幅降低企业融资成本、提高融资速度，也可解决企业资金使用期限短和企业内部治理差等问题。知识产权的后续运营由咨询公司负责，可解决科技型企业长远发展中可能存在的问题。

“评—保—贷—投—易”五位一体的综合服务体系详情如下：

1. 评：知识产权价值评估——中关村中技（北京）知识产权管理有限公司

知识产权价值评估采用“专利价值分析指标体系”，为科技型中小微企业提供知识产权价值评估和企业投资价值判断。

2. 保：投资担保——北京中技知识产权融资担保有限公司

由北京海淀区国有独资公司出资20亿元组建的融资担保公司和20亿元的股权投资基金，为科技型中小微企业知识产权融资提供强有力的担保增信。

3. 贷：贷款融资——多家银行、北京中技商业保理有限公司、P2P等

以银行为核心，以小贷公司、保理公司、P2P、信托公司、融资租赁公司为补充，构建更快、更多、更便宜、更安全、更丰富的贷款通道。

4. 投：股权投资——北京中技华软知识产权基金管理有限公司和上百家知名投资机构

搭建债权和股权相结合的投资联盟，为科技型中小微企业引入全方位的投融资机会。

5. 易:多元化的交易模式和交易平台——中国技术交易所、产权交易所、股权交易所、投资机构、协会

多元化的交易模式和交易平台包括中国技术交易所及其联盟的产权交易所、股权交易所、投资机构、协会,形成迅捷流动的产权交易通道。

11.3 产品创新

高成长企业投融资的痛点是高成长科技型企业贷款难,原因在于:①轻资产,缺抵押;②信用贷,额度低;③高成长,持续缺钱。股权融资并非总能称心如意,原因在于:①估值谈判差距大;②业绩承诺对赌难;③耗费时间周期长。有鉴于此,中关村中技服务集团提供了多种创新产品。

1. "知识产权+股权"质押快速融资通道

帮助企业以"知识产权+股权"为质押向银行申请大额贷款,扶持企业快速成长。评估公司、基金公司分别对企业知识产权和股权价值进行专业评估;"担保公司+基金公司"双重强担保为企业贷款增信;以"知识产权+股权"为质押的方式,帮助企业从合作银行快速申请低成本、大额(500万—2 000万元)贷款。成长债(见图11-1)业务费用包括:银行贷款利息为基准利率+上浮(20%—30%),担保费为2.5%,融资服务费为1%。

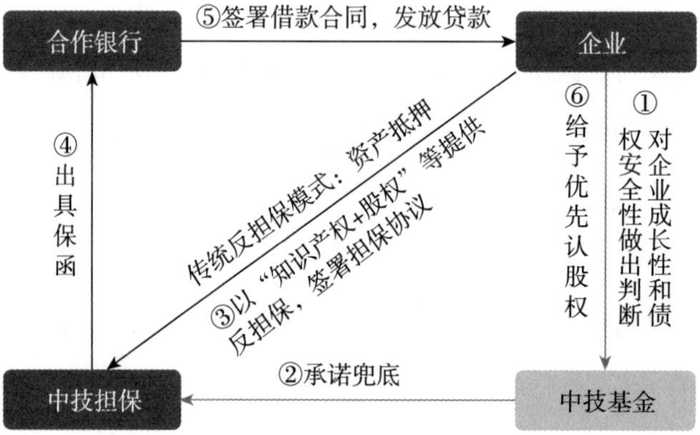

图11-1 成长债业务主体关系

“知识产权+股权”产品主要特色有：①主要针对高新、文创、教育企业；②以知识产权质押为主；③额度在50万—200万元；④速度快，内部产品匹配，走绿色通道。

企业筛选条件如下：①拥有知识产权；②主体资格真实、合法、信用良好、不涉案；③经营年限2年以上；④逾期记录累计不超过3次；⑤科技型企业，核心技术成型并投入市场；⑥资产负债率不超过80%，信用敞口不超过1 000万元；⑦纳税报表和记录完整、有效；⑧员工社会保险记录完整、有效。

2. 保理

保理产品的主要特色有：①服务于轻资产高新技术企业或中小型制造类企业，盘活企业应收账款资产；②授信额度无金额限制，完全匹配企业资金需求；③以自有资金发放，融资用途较为灵活且可自主支付；④信贷资金投向明确，突出以知识产权为主导的投贷联动特色；⑤担保方式多样化，知识产权质押、股权质押、第三方保证等三方确权转让方式灵活组合；⑥最慢10个工作日快速放款；⑦资产支持专项计划产品，融资期限更长、成本更优惠。

3. 专利价值评估

专利价值评估产品的主要特色有：依托与国家知识产权局共同推出的“专利价值分析指标体系”（见图11-2），由专业知识产权背景团队和资深行业专家团队提供可信度高的知识产权价值报告。

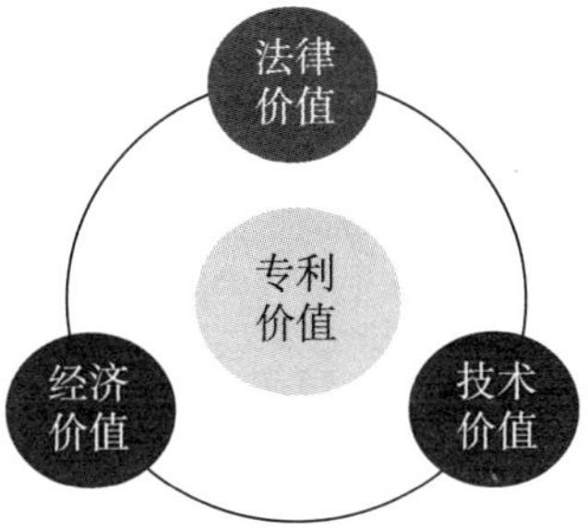

图11-2　专利价值分析指标体系

4. 专利导航服务

专利导航服务产品的主要特色有:①根据用户选择偏好推荐可投资的企业;②结合专利和企业数据,对企业进行全方位分析;③专利全库检索,排除无效专利及清洁企业所处领域等相关数据,定位产业链位置;④选定细分领域和投资偏好。

11.4 集团业务板块

1. 评估业务——中关村中技(北京)知识产权管理有限公司

中关村中技(北京)知识产权管理有限公司借助股东的资本和技术实力,为科技型企业投融资提供相关的评估、咨询服务,具体包括知识产权评估服务(国有资产评估、知识产权质押贷款及工商增资评估)、知识产权运营服务(专利导航服务、知识产权咨询服务、知识产权商用化服务等)及“知识产权+金融”的跨界产品等多种专项服务。

在知识产权价值评估方面,公司的专利价值分析团队是目前业界最为专业的核心团队,骨干人员均是“专利价值分析指标体系”的起草者与设计者,多次配合国家知识产权局开展“专利价值分析指标体系”试点、课题培训、国家标准立项等工作。“专利价值分析指标体系”依托各个领域的专家团队,基于创新性概念“专利价值度”评判专利价值,对所关注专利技术的法律状态、技术水平、经济价值进行科学的评估与分析。

目前,公司的专利价值分析团队已成功利用专利技术评价服务为大唐电信科学研究院、乐视、北京京东方科技有限公司、中国电信集团、北京有色金属研究总院下属有研稀土新材料股份有限公司等企业与机构进行了专利资产价值评价,对多家投资公司的海外并购项目进行了专利技术评价,完成国家知识产权局与厦门市知识产权局委托的三项课题,并多次受邀参加国内外各类知识产权金融类论坛。公司着力推广服务体系运营模式,“五位一体”将落地长沙,已获得湖南省知识产权局、长沙市知识产权局、长沙高新区的支持,可为 14 000 家科技型企业提供服务。

中关村中技(北京)知识产权管理有限公司的专利价值分析产品包括专利价值分析报告、企业对标可比公司分析报告、企业专利检索分析报告、针对行业特点定制的专利价值分析体系、企业内部专利分级分类管理等。

公司坚持以“恪守职业道德、遵守评估准则、保障服务质量”为宗旨,已经与国内外多家金融机构、投资机构、高校等建立了战略合作关系,为企业发展过程中遇到的知识产权投融资需求提供全面、周到、细致的服务。

2. 基金业务——北京中技华软知识产权基金管理有限公司

北京中技华软知识产权基金管理有限公司(以下简称“中技基金”)首期基金规划 20 亿元,是中技知识产权投融资服务体系的核心业务板块,业务内容包括股权投资和成长债两个部分,旨在帮助高成长的知识产权型企业解决融资难题。

股权投资专注于 B 轮、C 轮和前 IPO 阶段的标的,单笔投资额度在 500 万—5 000万元,重点关注信息技术、互联网、轨道交道、新能源、环境节能、医疗与健康等领域的高成长型企业。

成长债是中技基金与北京中技知识产权融资担保有限公司联合推出的一项创新业务,旨在用“股权+知识产权”质押担保的方式,帮助高成长型企业向银行申请 500 万—2 000 万元的贷款,支持企业业务快速发展,并可向政府申请一定范围的政策贴息。该项业务可以有效帮助高成长型企业解决轻资产、无抵押物、信用贷款额度低的债权融资难题,也有助于企业避免股权被稀释。

中技基金是知识产权投融资服务体系中的核心环节,以期权方式,与担保公司、保理公司联手实现投贷联动。截至 2016 年 6 月底,中技基金接触、初调项目总数为 401 项,产出率为 6%,成长债过会项目为 26 个。其中,新三板企业 11 个,总授信金额达 3.44 亿元,已放款金额达 1.27 亿元;股权投资过会项目 5 项,总投资金额达 4.79 亿元。

3. 担保业务——北京中技知识产权融资担保有限公司

北京中技知识产权融资担保有限公司(以下简称"中技担保")成立于2013年11月,由北京市海淀区国有资产投资经营有限公司独资注册成立,注册资本20亿元,是北京首家专为科技型企业提供以"知识产权+股权"为抵押物进行投融资业务的融资性担保公司。

中技担保作为海淀区国有资产投资经营有限公司唯一的区属国有金融资本公司,以政策性资金、市场化运作、企业化经营相结合的方式进行运作,在传统担保业务的基础上,创新多种方式服务于科技型企业,解决科技型企业轻资产、缺抵押、信用贷款额度低、高成长持续缺钱的痛点,为首都的科技型企业提供全方位、多层次的融资担保。

目前公司的担保业务种类如下:①融资担保,分为公司融资担保和个人融资担保,具体包括企业及个人贷款担保、票据担保、企业知识产权担保、保付代理担保、设备租赁融资担保、信用卡透支额度担保等;②合同履约担保,各类工程履约担保,包括合同履约担保、产品质量担保、房地产交易担保、机动车交易担保、企业产权过户交易担保等;③财产保全担保,包括诉前财产保全担保、诉讼财产保全担保、执行担保。

截至2016年6月末,公司(不含众信金融)累计发放担保发生额21亿元,在保余额13.48亿元,在保用户135户,其中知识产权融资共109笔。

4. 保理业务——北京中技商业保理有限公司

北京中技商业保理有限公司(以下简称"中技保理")是北京首批注册成立的专业商业保理公司,也是北京市保理协会副会长级企业单位。公司依托股东强大的资金实力及丰富的管理经验,专为中小企业尤其是科技型企业提供快速、灵活的融资服务,在融资规模上可以满足大多数中小企业客户应收账款变现的需求。

中技保理实行纵向垂直审批制度,简化了烦琐的贷前调查和审批流程,较大程度地提高了融资审批效率,帮助企业高效把握商机。作为中技知识产权金融服务体系中的一环,中技保理与其他兄弟公司互为补充,以融资企业应收账款转让为核心，突出商业保理融资功能与应收账款管理功能并重的特点，辅以融资企业的知识产权等其他核心资产担保增信，有效地行使债权先行权，快速、灵活地为科技型中小企业解决困扰已久的融资难问题，为用户提供包括知识产权和股权质押在内的多种快速融资解决方案。

截至 2016 年 6 月末，公司期末保理客户 13 户，平均单户单笔放款 2 400 万元，保理融资余额突破 3.06 亿元。

11.5 集团成绩

“评—保—贷—投—易”五位一体的服务模式得到市场认可，截至 2017 年 1 月末，已收集 2 400 多个科技型企业项目，为 280 家企业提供融资服务，在融资用户 180 户，累计提供 53.11 亿元的资金支持，其中债权融资 48.21 亿元、股权投资 4.9 亿元。集团为共建共享大平台、大资源、大数据融合持续发力，与创业者和企业一起将无形的知识产权化为有形资产，将创业梦想变为现实。

成长债业务结合投贷联动、债券和股权，为 80 多家企业获得 9 亿元左右银行借款，平均借款额度为 1 200 万元，单笔最小金额为 300 万元，单笔最大金额达 4 000 万元。合作企业成立时间最短为 13 个月，企业成立时间最长为 13 年。其中，新三板企业 17 家，占比 27.8%，绝大部分企业拥有高新技术企业资质。

经过前期的沟通和铺垫，2016 年集团与外省多地（包括哈尔滨、长春、天津、济南、江苏、江西、长沙、厦门、广东等省市）形成战略合作关系，为中技模式异地复制奠定基础。

2017 年 3 月 31 日，中技保理与尉邦商业保理（上海）有限公司作为联合发起机构，西部证券作为计划管理人及承销机构，推出“西部证券—尉邦中技保理资产支持专项计划”（ABS 产品）并在上交所成功发行，募集规模为 9 亿元。其中，优先 A 级规模为 3.78 亿元，联合信用评级给予 AAA 级信用评级;优先B级规模为0.99亿元,信用评级为AA+级;优先C级规模为2.58亿元,信用评级为AA级,次级1.65亿元由发起人自持,票面加权利率为5.93%,在同期发行的产品中处于较低水平。ABS产品是全国保理行业首单联合资产证券化产品,中技保理也成为首家发行标准化ABS产品并募资成功的京籍商业保理企业。

中关村中技服务集团构建的知识产权金融服务体系为科技型中小微企业提供全方位、多层次的融资和投资服务,帮助企业实现自我价值的发展;同时,在国家出台的政策方针的指引下,中关村中技服务集团结合知识产权和互联网这两大新兴要素,实现了金融创新。知识产权金融服务体系不仅为科技型企业切实解决了融资难题,还为银行降低了贷款成本和贷款风险,为联盟投资机构创造了更多的投资机会,为高校、研究所提供了技术市场化的平台,为政府解决了支持科技创新的政策落地问题。

未来,中关村中技服务集团将不断完善科技金融服务体系,打造示范区最具活力的科技金融服务产业,引领中关村地区科技型企业快速发展,为金融产业和科技产业的发展贡献力量。

以下列举几个中关村中技服务集团的经典案例。

■ **案例一**

某虚拟现实高技术企业,成立于2014年3月。企业专利储备丰富,VR硬件技术国内领先,正在积极布局VR产业生态,与联想、360、乐视、华硕等多家知名企业建立了战略合作关系。已完成3轮融资,创东方、红杉资本等多家知名投资机构参与。成长债一期借款1 000万元,顺利还款后二期借款2 000万元。

案例特点:有核心技术的初创型企业,无营业收入而获得大额借款。

■ **案例二**

某票务发行传媒公司,2016年挂牌新三板。公司为票务行业最具影响力的票务营销平台之一,全国超过500家场馆使用该公司的票务营销系统。随后,公司向全娱乐、全产业链运营转型,成为多个热门演出的发行商。2015年12月以来，公司进行了6轮融资，乐视、蓝港等多家知名机构参与投资，估值达12亿元。

案例特点：轻资产型文创企业，成长债大额支持4 000万元。

■ 案例三

某社会化营销企业，成立于2012年。主营业务为以粉丝驱动营销，帮助中小企业快速寻找价值用户，实现传统销售模式的互联网化和用户裂变，将口碑转化为销售额。企业经过多年的技术研发和粉丝关系维护，拥有2 000个意见领袖、10万个粉丝代表，帮助中小企业将商品复购率提升至30%以上。企业服务过的知名客户包括爱伲咖啡、中粮、小米、纽仕兰、OPPO、聚美优品等。

案例特点：轻资产型互联网企业，成长债支持1 000万元。

■ 案例四

某SMD石英振晶底座生产企业，成立于2004年。自主研发42项专利技术，打破日本企业对SMD晶体底座技术的垄断，成为全世界第四家且中国唯一一家掌握SMD晶体底座生产技术的企业。客户包括首都航天机械公司、南京中电熊猫晶体科技有限公司、北京控制工程研究所、北京遥测技术研究所、苏州日本电波工业有限公司、随州泰华电子科技有限公司等境内外知名企业。国产化替代优势明显，在手大量订单。

案例特点：有核心技术，营业收入规模小，1 000万元成长债支持其快速提升产能。

■ 案例五

某芯片设计企业，专注平面显示和节能照明的芯片设计，拥有全尺寸面板驱动、电源管理、信号转换、时序控制、触控和指纹识别芯片的设计开发能力。在节能领域，该企业拥有LED显示和LED照明技术，已成为主流供应商。企业产品被多家国际、国内一线厂商采用，得到市场的认可和好评。企业发展迅速，营业收入规模保持每年50%以上的增长,已达到2亿元以上;但由于研发投入巨大,尚未实现盈利。

案例特点:持续亏损的业界领军企业,获得2 000万元成长债支持。

■ **案例六**

某应用软件服务企业,为国高、村高“双料”企业,业务主要包括智能平台终端销售、健康设备销售、APP端商品分成、第三方商业服务分成、慢病管理及会员服务等。企业致力于通过“应用层—平台层—终端层”获取相关数据的模式,发展成为一家围绕老年人养老服务的大数据提供者。

案例特点:以房屋抵押、软件质押作为反担保,获得150万元小额科技贷款支持。

■ **案例七**

某高成长科技型制造企业,主营业务为碳纳米材料生产、电子超硬材料纳米微加工技术及光机电一体化加工设备的开发,拥有多项专利。2014年总资产为7 947万元,销售收入为9 159万元,净利润为2 380万元,经营业绩逐年增长。

案例特点:通过专利质押和优先认缴出资权协议,获得1 000万元的保理融资支持。

■ **案例八**

某集团成立于2004年,致力于打造基于视频产业、内容产业和智能终端的“平台+内容+终端+应用”完整生态系统。垂直产业链整合业务涵盖互联网视频、影视制作与发行、智能终端、大屏幕应用市场、电子商务、生态农业、互联网智能电动汽车等,拥有近5 000项专利。

案例特点:为确定集团名下所有专利的市场价值,向中关村中技服务集团评估公司寻求知识产权评估咨询。

请思考

1. 中关村中技服务集团五位一体运营模式的创新点体现在哪里？其核心竞争力在哪里？

2. 集团各业务板块之间怎样互相借力、协同发展？

3. 中关村中技服务集团的成功有何借鉴意义？

参考文献

[1] 李杉杉，高莹莹，鲍志彦.面向协同创新的知识产权服务联盟研究[J].图书馆工作与研究，2018(03)：41—46.

[2] 李伟，董玉鹏.产业自主创新视角下的知识产权服务业发展问题研究[J].改革与战略，2015，31(10)：142—146.

[3] 毛昊，陈大鹏.知识产权服务购买符合支撑企业创新的理性行为决策吗[J].财贸经济，2015(02)：109—124.

[4] 潘冬，杨晨.科技企业孵化器中知识产权服务模式优化对策[J].经济纵横，2012(04)：109—112.

12　中国知识产权质押融资模式创新

摘要

基于中小企业知识产权质押融资困难的现状，不同的地区产生了不同的融资模式。本案例以政府参与度为标准，将知识产权质押融资模式分为三大类——政府主导型模式、政府引导下的市场化模式和政府鼓励下的市场化模式，同时比较各类模式及各模式中各主体面临的风险。

12.1 案例背景

相对于大型企业,中小企业的融资渠道窄,资金来源受到层层限制。近年来兴起的知识产权质押融资一定程度地缓解了中小企业的融资压力,但由于知识产权质押融资自身的不确定性及其他固有风险的存在,质押方与金融机构等主体的积极性受挫,导致这一融资方式并未得到广泛应用,中小企业的融资困难仍未得到有效解决。

基于中小企业知识产权质押融资困难的现状,不同的地区产生了不同的融资模式。本案例以政府参与度为标准,将知识产权质押融资模式分为三大类——政府主导型模式、政府引导下的市场化模式和政府鼓励下的市场化模式,同时比较各类模式及各模式中各主体面临的风险。

12.2 政府主导型模式

政府主导型模式主要是设立政府担保基金或成立政策性担保机构,中小企业将知识产权质押给政府指定机构,由政府指定机构提供担保。

上海浦东模式和成都模式均为政府主导型模式的典型,具体操作部门为生产力促进中心,但二者又略有不同。成都模式比上海浦东模式多了知识产权质押融资服务平台,企业将相关融资信息投放在服务平台上,银行等金融机构又从服务平台获取投资资讯,为融资方和投资方打开一条绿色通道。本案例以上海浦东模式为例,对政府主导型模式进行深入探究与分析。

上海浦东模式涉及的主体不仅包括企业、银行,还包括政府机构——浦东生产力促进中心。作为政府职能的延伸,浦东生产力促进中心直接介入科技型中小企业知识产权质押贷款业务并承担95%以上的风险(欧晓文,2013)。上海浦东新区科学技术委员会每年设立2 000万元的知识产权质押融资专项资金,存入浦东生产力促进中心的银行专户,由其进行具体操作。

如图 12-1 所示,浦东生产力促进中心作为具体操作部门,直接受理此类贷款申请。收到申请后,浦东生产力促进中心审核申请是否符合规定,必要时会组织浦东知识产权中心等单位对企业提供质押的知识产权进行评估。企业以自有知识产权质押和业主信用为担保,浦东生产力促进中心向银行发送担保确认文件,并凭借知识产权质押融资专项资金为通过审批的企业向银行提供担保;银行收到相关文件后,再办理各种贷款手续并发放贷款。上海浦东模式是由政府行政机关推动并在具体操作中起主导作用的一种典型模式。

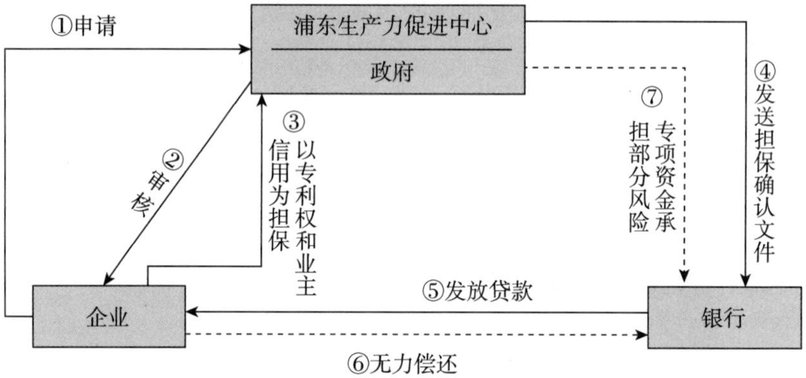

图 12-1　上海浦东知识产权质押融资模式

12.3　政府引导下的市场化模式

在政府引导下的市场化模式下,政府的角色是引导者和推动者,政府除制定政策法规、组织搭建服务平台外,还使用财政资金补贴企业的融资成本,奖励和补贴中介机构,奖励贷款机构并补偿融资服务机构的风险,同时提供政府信用担保或者政府信用再担保,介入知识产权质押融资。我们介绍两种模式:广东佛山南海区知识产权质押融资模式和北京"展业通"知识产权质押融资模式。这两种模式的主要区别在于:前者政府具体参与知识产权质押融资的预审工作,发挥牵头作用;后者政府为知识产权质押融资提供诸多便利,但不参与具体运作。

1. 广东佛山南海区知识产权质押融资模式

首先，南海区知识产权交易所、律师事务所通过“南海知识产权交易平台”对企业展开贷前调查，确认无误后将相关材料交南海区知识产权局预审，然后由南海区知识产权局向银行推荐申请贷款。银行收到申请后，以其认可的专业评估公司对标的物进行评估，同时律师事务所负责标的物法律风险的评估。所有评估材料上交银行，银行经审批同意后即可发放贷款。当出现不良贷款时，知识产权交易中心负责处置出质权的转让、拍卖等，具体如图 12-2 所示。其中，知识产权局代表政府发挥重要的牵头作用。

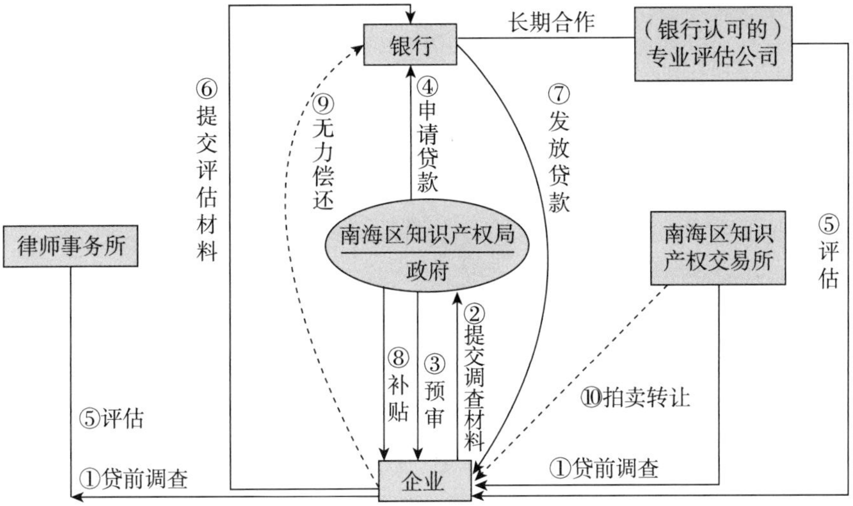

图 12-2　广东南海区知识产权质押融资模式

此外，南海区还设立了专项资金，用以冲减知识产权质押融资中产生的财务费用以及承担知识产权评估环节产生的服务费用。这降低了企业的贷款成本，拓展了企业的融资渠道，调动了企业与银行的积极性。

2. 北京“展业通”知识产权质押融资模式

北京“展业通”知识产权质押融资模式由政府部门积极推动，由中介机构进行市场化运作，加上严格的风险控制，已成为目前国内最成功的知识产权质押融资模式。

北京市科委设立专项资金,补贴中小企业的贷款利息与其他财务费用以降低企业的贷款成本;政府出台相关政策,搭建知识产权质押融资平台,整合多方资源,引导和推动知识产权质押融资活动,但不参与具体运作;中介机构通过市场化运作开展相关业务,具体的风险分散机制也是完全市场化的,具体如图 12-3 所示。

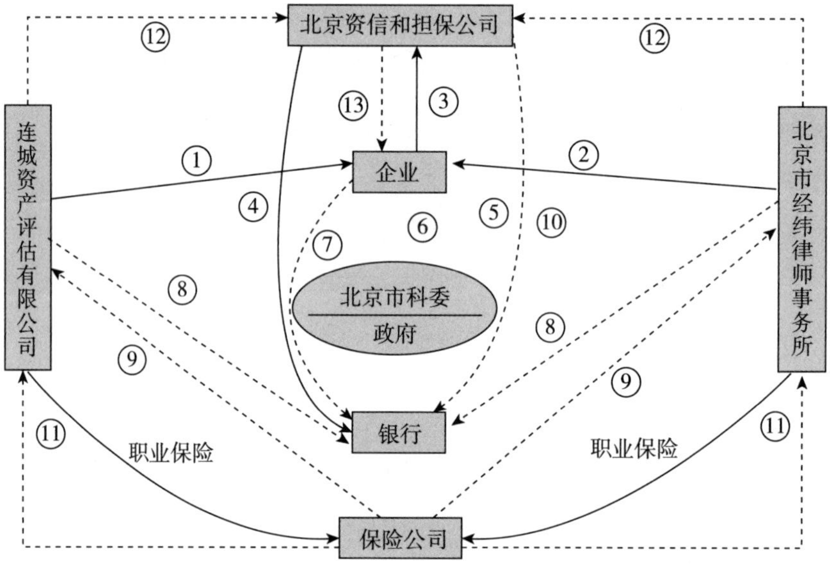

图 12-3 北京“展业通”知识产权质押融资模式

注:①评估,②出具法律意见函,③知识产权质押作反担保,④担保,⑤放贷,⑥补贴成本,⑦无力还款,⑧承担无限连带责任,⑨核保,⑩先行赔付,⑪赔付,⑫还款,⑬拍卖知识产权。

在该模式中,贷款风险由律师事务所、资产评估机构、保险公司等市场中介机构共同承担。当出现不良贷款时,资产评估机构和律师事务所承担无限连带责任。为了分散风险,它们事前会为评估师和律师购买职业责任保险,当发生贷款违约时,保险公司实际上会承担高达 90%的赔偿。这一系列市场化的风险控制和风险分散机制,降低了企业的融资成本和银行的放贷风险,提升了中小企业申请知识产权质押融资的动力。

12.4 政府鼓励下的市场化模式

政府鼓励下的市场化模式是指政府鼓励金融机构和企业进行完全市场化的知识产权质押融资，政府只鼓励知识产权质押融资行为，不提供任何补贴，更不承担任何风险。

湘潭模式是政府鼓励下的市场化模式的典型。如图 12-4 所示，湘潭知识产权质押融资工作是从中国人民银行湘潭中心支行到湘潭工商行政管理局再到湘潭知识产权局自上而下推动的，完全属于行政行为。在具体操作中，所有流程均在企业与银行之间进行，银行直接负责受理、审核、评估等工作。政府部门只是鼓励，不提供任何补贴，也不承担任何风险。当发生不良贷款时，银行将直接承担所有的资金风险。

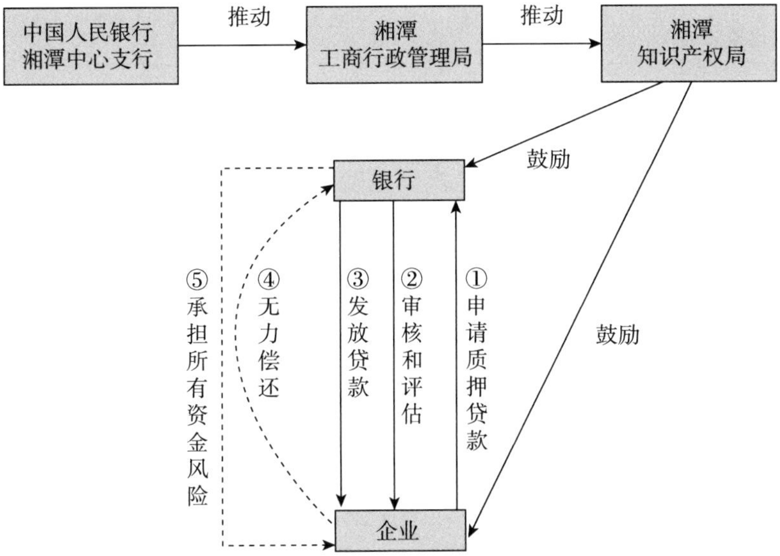

图 12-4 湘潭知识产权质押融资模式

各类知识产权质押融资模式中政府参与度的比较如表 12-1 所示。

表 12-1 各类知识产权质押融资模式中政府参与度的比较

知识产权质押融资模式		政府			
		参与度	参与方式	风险承担	风险承担方式
政府主导型模式	上海浦东模式	高	① 设立专项资金 ② 负责具体相关操作	95%	专项资金
政府引导下的市场化模式	广东佛山模式	较高	① 负责预审工作 ② 设立专项资金	低	补贴财务费用和服务费用
	北京“展业通”模式	较高	① 设立专项资金 ② 出台政策、搭建平台、整合资源、引导质押融资活动 ③ 不参与具体运作	低	补贴财务费用和服务费用
政府鼓励下的市场化模式	湘潭模式	低	鼓励	零	—

各类知识产权质押融资模式的优点与缺点如表 12-2 所示。

表 12-2 各类知识产权质押融资模式的优点与缺点

模式		优点	缺点
政府主导型模式	上海浦东模式	政府担保，银行与企业的信心强	政府责任重，地方财政易陷入债务危机
		适用条件：政府财政预算充足	
政府引导下的市场化模式	广东佛山模式	① 银行审慎，资金安全保障高 ② 市场化程度高	风险分散机制不健全
		适用条件：融资服务机制与政策健全	
	北京“展业通”模式	① 风险分散机制健全 ② 政府政策保障 ③ 市场化程度高	银行设置的贷款条件严苛，中小企业融资成本高
		适用条件：市场化程度高，融资服务机制与政府政策健全	

（续表）

模式		优点	缺点
政府鼓励下的市场化模式	湘潭模式	政府鼓励	各主体缺乏积极性，效率低下
		适用条件：银行资金充裕，企业信誉极高	

12.5 知识产权质押融资模式中各主体风险分析

上述三类知识产权质押融资模式均有自己的风险分散机制，那么在不同的模式中，不同主体所承担的风险又有何异同之处呢？下面分析知识产权质押融资模式各主体的风险。

1. 知识产权质押融资模式中各主体风险的共同点

(1) 借款人承担的风险

借款人承担因企业经营不善而导致知识产权质押融资失败、无法偿还本金、要支付巨额违约金、知识产权流失，从而造成巨大经济损失的风险。

(2) 银行承担的风险

从国家政策到银行自身，从知识产权处置难到出质不易控制的知识产权……银行的贷款风险存在于每一环节。

(3) 政策引起的贷款风险

国家政策的不稳定性、不可预测性使银行贷款收益的不确定性上升。银行在放贷中对政策的把握与实际情况会有一定的偏差，也增大了贷款风险。

(4) 信贷人员引起的贷款风险

信贷人员利用权力为关系人谋取优惠于他人的贷款；或者为了完成贷款任务，对借款人条件的审查不严格，在担保不足甚至无担保的条件下发放贷款。

（5）客户风险

客户风险主要是信用风险，由于各种不确定性因素，借款人不能按时偿还贷款，造成贷款损失，形成呆账贷款、逾期贷款和呆滞贷款。

（6）时间价值导致的风险

由知识产权的时间性及技术进步的特性可知，在较长的时间范围内，知识产权价值在不确定性中呈不断递减的趋势。对于银行来说，知识产权时间价值的递减性与货币贷款时间价值的递增性是相反的，因此相对于其他类型的贷款而言，知识产权质押贷款的风险较大。

（7）知识产权处置难引发的风险

知识产权的流动性差、处置困难，而且现阶段知识产权的转让市场较小，其处置需聘请专家进行评估，加上严格的处置程序，牵涉了银行太多的人力、物力和财力，处置成本高；同时，知识产权的交易渠道有限，且相关制度建设滞后。据统计，目前在我国国家知识产权局申请通过的各项专利技术已达163多万种，但出于各种原因，未能实现市场转让或未能为社会创造财富的专利大约占50%以上。因此，在借款人无法偿还本金的情况下，极有可能出现知识产权"砸在银行手里"的情况，银行承担着巨大的经济损失风险。

（8）银行不易控制已出质的知识产权，难以防范风险

知识产权质押制度未赋予质权人对出质权利的转让与实施享有知情权和收益控制权，这样便存在出质人侵犯质权人利益的可能性，导致银行利益受损，不利于担保债权的实现。此外，知识产权质押贷款与银行其他贷款的根本区别在于知识产权的价值具有不稳定性，有些知识产权在使用过程中会突然冒出侵权纠纷，其产权归属也成问题，这些因素是银行难以控制的。

（9）担保机构承担的风险

担保使债权实现获得双重保障，使债务人之外的第三人与债务人共同承担债务责任。但知识产权质押融资贷款的门槛高、风险大，一旦发生坏账，担保机构就要承担巨大的损失。

(10) 评估机构承担的风险

① 评估体系不成熟带来的风险。知识产权的价值必须凭借先进的评估技术才能确定，而我国目前欠缺完善的知识产权评估制度及统一的标准，尚未形成系统化、规范化的评估体系，同时对商标权、专利权、著作权中财产权价值的评估的随意性又很强，因此不能科学地进行价值评定给评估机构带来了风险。

② 知识产权价值的不确定性导致评估困难所带来的风险。在技术、经济形势及权利有效期等诸多因素变化的影响下，知识产权的价值会出现较大的波动。一旦出现替代技术，用于质押的知识产权就可能突然间变得分文不值。因此，评估机构承担着很大的风险。

2. 各类知识产权质押融资模式中各主体风险的比较分析

各类知识产权质押融资模式中各主体的风险如表 12-3 所示。

表 12-3 各知识产权质押融资模式中各主体的风险

主体 模式	银行	政府	中介机构
上海浦东模式	承担 1%—5% 的风险，在发放贷款方面处于比较被动的状态	承担 95% 以上的风险，评估机构的风险包括在政府风险中	无
广东佛山模式	知识产权交易所将专利权拍卖、转让保全下来的资产作为对银行的最大还款额，风险大	知识产权局负责预审，不承担不良贷款带来的风险	中介机构自身并不承担风险
北京“展业通”模式	一系列市场化的风险控制和风险分散机制，降低了银行的放贷风险	引导和推动知识产权质押融资活动，并不过多参与具体的运作	评估机构和律师事务所承担无限连带责任，保险公司实际上承担 90% 的赔偿
湘潭模式	承担各种法律风险、评估风险和处置风险	不承担任何风险	无

请思考

1. 以上三种知识产权质押融资模式中,哪种模式的风险分散机制更值得推广?

2. 哪种知识产权质押融资模式能降低银行的放贷风险、调动银行的积极性、提高知识产权质押融资项目的可行性?

3. 为了更有利于信息资源的整合,使资源的利用效率达到最大化,怎样才能完善知识产权质押融资模式?

参考文献

[1] 鲍新中,董玉环.知识产权质押融资风险评价研究——基于银行视角[J].南京审计学院学报,2016,13(02):48—56.

[2] 李希义,朱颖.设立知识产权质押贷款专项基金的研究探讨——基于财政资金创新使用角度[J].科学学研究,2016,34(06):882—886.

[3] 任颖洁.科技型中小企业知识产权质押融资问题与对策研究——以陕西为例[J].科学管理研究,2012,30(05):105—108.

■ 13 “知产”如何变“资产”

摘要

知识产权(“知产”)——是国家发展的战略性资源和国际竞争力的核心要素,金融是现代经济的核心。加强知识产权金融服务是贯彻落实党中央国务院关于加强知识产权运用和保护战略部署的积极举措,是知识产权工作服务于经济社会创新发展、支撑创新型国家建设的重要手段。促进知识产权与金融资源的有效融合,有助于拓宽中小微企业融资渠道,改善市场主体创新发展环境,促进创新资源良性循环;有助于建立基于实现知识产权价值的多元资本投入机制,通过增值的专业化金融服务扩散技术创新成果,全面促进知识产权转移、转化;有助于引导金融资本向高新技术产业转移,促进传统产业的转型升级和战略性新兴产业的培育发展,提升经济的质量和效益。

13.1 案例简介

自 2016 年 12 月内蒙古自治区科技厅与中国银行内蒙古分行就促进科技型企业的发展开展合作以来，双方就知识产权融资业务运作模式进行了探讨研究，并推荐中国农机院呼和浩特分院作为项目试点。

此次试点项目申请的流动资金期限为 1 年，将用于企业研发、生产、经营等的支出，采取房产抵押与知识产权质押组合担保的方式。其中，房屋建筑物抵押贷款 900 万元，占比 60%；三项知识产权评估价值达 600 万元，占比达 40%。银行贷款拨放后，内蒙古自治区科技厅还将对中国农机院呼和浩特分院发生的知识产权专利评估费用给予相应补贴。

此次合作是内蒙古自治区科技厅、中国银行内蒙古分行、中国农机院呼和浩特分院达成合作意向以来共同推进的首笔“知识产权质押融资”项目，打破了科技型企业因抵押物不足而造成的融资难困境，把知识产权纳入风险缓释的范畴。该项目将作为中国银行内蒙古分行的试点项目，在业务获批后向全区进行示范性推广，为科技型企业与金融机构今后的深度合作开启了新模式。

13.2 中国农机院呼和浩特分院

中国农机院呼和浩特分院是内蒙古首批国家级高新技术企业，前身是机械工业部呼和浩特畜牧机械研究所，成立于 1960 年，1998 年 11 月整建制并入中国农机院（中国农业机械化科学研究院），1999 年转制为中央直属科技型企业。

中国农机院呼和浩特分院（以下简称“分院”）是从事畜牧业装备技术研究与产品开发并具有自营进出口权的专业科研机构，也是较早从事风能、太阳能利用技术研究的科研单位之一。分院是全国畜牧机械行业技术归口单位，是国家草原畜牧业装备工程技术研究中心、国家地方联合太阳能干燥技术工程实验室、全国风力机械标准化技术委员会、全国农业机械标准化技术委员会畜牧机械分技术委员会、中国农业机械学会畜牧机械学会和机械工业畜牧机械产品质量监督检测中心、风力机械产品质量监督检测中心的挂靠单位。其中，国家草原畜牧业装备工程技术研究中心已经成为我国草原畜牧业装备行业工程化集成化技术源头、工程化科研成果试验测试基地和中试基地、高水平工程化人才培养基地及科研成果工程化信息服务中心。

分院现有从业人员 652 人，其中各类专业技术人员 187 人。高级、中级专业技术人员 99 人，其中研究员 21 人，获国家特殊津贴专家 3 人。截至 2017 年，分院共完成科研技术开发项目 1 037 项、拥有专利 124 项，绝大部分在生产中得到推广应用，其中获国家级、省部级等科技成果奖 122 项，为国民经济建设和畜牧业机械化做出了突出贡献。进入“十三五”以来，分院共承担国家和地方重点科技项目(课题)30 多项。

13.3　知识产权质押

知识产权是国家发展的战略性资源和国际竞争力的核心要素，金融是现代经济的核心。加强知识产权金融服务是贯彻落实党中央国务院关于加强知识产权运用和保护战略部署的积极举措，是知识产权工作服务经济社会创新发展、支撑创新型国家建设的重要手段。促进知识产权与金融资源的有效融合，有助于拓宽中小微企业融资渠道，改善市场主体创新发展环境，促进创新资源良性循环；有助于建立基于实现知识产权价值的多元资本投入机制，通过增值的专业化金融服务扩散技术创新成果，全面促进知识产权转移转化；有助于引导金融资本向高新技术产业转移，促进传统产业的转型升级和战略性新兴产业的培育发展，提升经济质量和效益。

目前,知识产权质押主要有以下两种运作模式:

一是政府引导与市场化运作相结合。充分发挥政府引导和组织协调作用,强化知识产权金融扶持政策与区域、产业政策相结合,鼓励和支持各类金融机构和中介机构参与知识产权金融服务工作,通过市场化运作,构建知识产权金融服务工作机制和服务体系。

二是深化试点与整体推进相结合。全国知识产权系统应在现有工作基础上,深化试点工作,创新实践,探索有效工作模式,推动工作向纵深发展;应总结推广各地的经验做法,以服务地区经济和企业创新发展为导向,扩展工作覆盖面,整体推进知识产权金融服务工作。

1. 知识产权质押融资流程

知识产权质押类业务与传统抵押类业务有很大不同,根据国家有关部门的规定,知识产权质押融资业务的主要流程包括以下六个步骤:

① 企业向银行提交知识产权质押贷款书面申请。在申请知识产权质押贷款时,知识产权人应持专利证书和银行所需的其他相关材料向银行提出贷款申请。金融机构针对不同客户,初步分析其资产的准入标准及范围,包括贷款主体的准入标准和质押物的准入标准。贷款主体的准入标准可通过贷款企业信用履约分析、偿债能力分析、盈利能力分析、经营发展能力分析、综合能力分析等确定,在实际中贷款主体通常是贷款行的黄金客户和优质客户,在贷款行及其他行无不良记录。质押物的准入标准一般遵循发明专利和实用新型专利优先原则。

② 由专业评估机构评估企业商标专用权或知识产权价值。很多企业专利自身的价值是有限的,技术的发展、市场占有份额都会使专利价值发生变化。想要解决好专利价值评估的问题,就应该由专门的鉴定机构对企业自身商标和专利的价值进行全面、客观的鉴定,建立知识产权质押物价值动态评估机制。这样可以给借贷双方提供一个很好的知识产权价值依据,落实风险防控措施。

③ 银行审核企业提交的评估结果。质押物的价值可通过专业的资产评

估事务所对质押物的时点价值进行客观的评估,为质押类业务提供价值参考。金融机构根据专利的评估价值作为确定质押贷款授信额度的参考,质押率通常规定不超过质押物时点价值的60%,在实际操作中受行业、地区及风险控制等诸多因素的影响与限制,质押率一般为10%—60%,在20%—60%的居多。

④ 审核通过后,双方签订《借款合同》《知识产权质押合同》。知识产权质押贷款合同必须到国家知识产权局进行质押登记,双方签订的质押登记合同应当包括以下事项:出质人、质权人的姓名(名称)及住址,被担保的债权种类、数额,债务人履行债务的期限,出质物清单,担保范围,当事人约定的其他事项。

⑤ 办理知识产权质押登记手续。根据国家知识产权局的规定,在签订知识产权质押贷款合同后,双方应持相关证件到知识产权管理部门办理质押权登记,知识产权质押登记时间为七个工作日。

⑥ 执行借款合同。取得知识产权质押登记证书后,金融机构可按照双方签订的借款合同向借款方放款。

2. 知识产权质押融资体系

为了更好地推动质押融资业务的开展,打造专利价值实现的全链条,需要政府、科技型中小企业、金融机构各方共同努力。

(1) 商业银行层面

该业务可先由有操作经验的商业银行开展,待逐渐形成一套成熟的办理流程和机制后,再向国有银行、股份制银行、地方银行全面推广。事实上,金融机构很愿意为科技型中小企业提供融资服务,关键是如何建立有效的风险评估模型及风险控制机制。由于知识产权质押贷款具有较高的风险,商业银行等金融机构在贷款发放直至贷款如期偿还前的整个过程中应把好关,具体分为以下三个步骤:

一是建立和完善商业银行知识产权质押贷款的信贷风险控制制度。建立此风险控制制度,要考虑以下几个方面:在贷款申请条件上,应加强企业知识产权的初步审查。商业银行可对知识产权的剩余年限及未来盈利性设置门槛，明确贷款用途的具体要求，对质押知识产权的未来盈利性进行可靠的预判，如明确界定知识产权剩余有效期不少于10年。在贷款用途上，仅仅限于生产经营的正常资金需求。在授信额度上，建议知识产权授信额不超过评估值的30%。根据知识产权质押贷款风险量化评估结果，剔除风险较大及没有偿还能力的企业，从源头加强风险管理控制，确保商业银行的放贷安全。

二是完善知识产权质押与其他风险缓释工具的组合方式。在风险缓释工具方面，可建立知识产权质押与有形财产抵押、第三方担保相结合的混合模式。商业银行在向企业发放贷款前，除了要求知识产权质押，还可要求企业提供有形财产抵押或者除企业、商业银行以外的第三方担保机构提供担保。当企业发生违约时，在拍卖、变卖质押物不足以归还商业银行贷款本息的情况下，银行还可要求处置抵押的不动产或者要求担保机构承担相应的保证责任。这种机制可将一部分风险转嫁给出质企业和担保机构，从而大大降低商业银行承担的贷款风险。

三是商业银行要加强与企业及中介机构的沟通和协调，提高信息共享水平。自企业提出知识产权质押贷款申请至贷款归还前，金融机构均可按照法定程序，方便、快捷地审查知识产权是否有效、有无转让等法律状态。建立良好的贷款环境，以便商业银行能积极为拥有市场核心竞争力、发展前景良好的企业提供资金支持。

（2）出质企业层面

企业应当增强知识产权保护意识，加大保护力度，营造良好的知识产权保护环境。企业要充分认识知识产权管理的重要性，首先在制度上明确资料的保密内容和范围，与员工签订保密协议并支付保密费，在高管劳动合同中设置同业竞争限制条款等，利用好法律的威慑力；其次要加强日常管理，及时发现侵权苗头，一旦发现就要做好取证并严肃警告，对严重侵权的，要及时报案。鼓励企业申请专利以获取保护权，且有利于企业在经营中掌握主动权。总之，在日常的研发、采购、生产、销售等经营活动的全过程，企业都要做好风险防范和风险预警工作。

（3）政府层面

政府应做好宣传与服务工作，增强企业知识产权质押融资的认知度。我国专利数量巨大，运用知识产权进行融资的企业却寥寥无几。因此，政府应切实增强企业利用知识产权进行质押的意识，具体可参照如下做法：一是组建专业的宣传队伍与服务队伍。可以邀请业内专家举办讲座和专题培训，或者联合主流媒体，以实地走访、发放资料、政策宣传等形式开展宣传报道，宣传报道那些成功以知识产权质押获得银行资金资助并由此实现跨越式发展的典型企业。二是组织企业服务队、金融服务队等专业化服务团队，为企业及金融机构提供务实和高效的服务，让科技型中小企业了解什么是知识产权质押融资和怎样办理知识产权质押融资，先引导部分意识强、需求迫切、质押标的价值高的企业提出申请，再向更多符合条件的企业推广。做好知识产权质押融资宣传与服务工作，扩大该业务的社会影响力，切实增强企业知识产权质押融资的认知度。

完善政府扶持政策，调动各参与方的积极性。为了减少各地区知识产权质押融资发展之间的差距，应建立统一的政府扶持政策。建立统一的科技型中小企业财政贴息扶持政策，吸引更多的企业参与到这项业务中，减轻企业融资成本压力，缩小地区间知识产权质押融资的发展差距；建立统一、规范的商业银行知识产权质押贷款风险补偿机制，降低商业银行承担的风险，吸引更多的商业银行自愿参与这项业务。探索实施专利侵权责任保险与专利执行保险并行的保险政策。在投保了专利侵权责任保险后，若企业在使用某项发明专利的过程中由于非故意地侵犯了他人的知识产权而被索赔，则可获保险公司理赔；同时投保专利执行保险，如果这些知识产权被他人侵权，被保险人在维权过程中也可获保险公司赔偿。换句话说，有了这两项保险，一件发明专利就有了“双保险”。政府为专利投保专利保险，为企业创新保驾护航，可提高企业自主创新的积极性；不断完善专利保险政策，让更多企业享受到更加丰富的险种，为企业创新壮胆。在制定与知识产权质押贷款相关的政策法规时，政府必须坚持原则性与灵活性相结合的原则，政策法规才能在全国各地区得到贯彻执行，不至于与现实脱节。

规范中介机构，转换知识产权质押贷款的关注点。引导商业银行从单纯注重科技型企业知识产权质押贷款量的增加，转变为更加注重服务质量的提高和服务覆盖面的扩大，使银行业的金融资源惠及更多的科技型企业，将银行业知识产权质押贷款工作目标由以往单纯侧重贷款的增速和增量，调整为从增速、户数、申贷获得率三个维度更加全面地考察科技型企业贷款增长情况。具体而言，即在有效提高知识产权质押贷款增量的基础上，努力实现科技型企业知识产权质押贷款增速不低于以往同期质押贷款平均增速，科技型企业质押贷款户数不低于上年同期户数，科技型企业知识产权质押贷款申贷获得率不低于上年同期水平的目标。此处的中介机构不仅包括第三方担保机构，还包括知识产权价值评估机构、知识产权流转市场等。培育评估机构，主要是培育一批评估价值市场认可度高的专业评估机构，并对提供担保及其他符合条件的中介机构给予适当补贴；构建知识产权流转市场，充分发挥科技成果拍卖会和网上技术市场的作用，加快建立知识产权交易流转平台，探索构建知识产权质押物处置流通机制。同时，增强公众知识产权自我保护意识，通过知识产权专场巡回培训与宣传、知识产权调查问卷活动以及知识产权侵权产品集中展示等活动，进一步向公众普及专利知识，促进知识产权的推广，同时强化企业知识产权保护意识，有力推动知识产权市场的发展。

请思考

1. 知识产权质押融资的优势主要体现在哪些方面？

2. 知识产权质押融资过程中有哪些参与主体？各主体间如何协调并发挥作用？

参考文献

[1] 李海英,苑泽明,李双海.创新型企业知识产权质押贷款风险评估[J].科学学研究,2017,35(08):1253—1263.

[2] 廖妍. 我国知识产权质押融资法律制度研究[D].华南理工大学,2016.

[3] 周倩. 我国知识产权质押融资风险的法律管控[D].宁波大学,2017.

14 北京市科技型中小企业融资

摘要

随着科技金融的发展，企业融资渠道不断拓宽，我国科技型中小企业融资难的问题得到一定程度的纾解。但是，整体而言，融资难仍然是制约科技型中小企业发展的重要因素，究其原因不仅是融资渠道狭窄、融资门槛过高的问题，还存在科技型中小企业的融资需求与资金供给不匹配的问题，因此研究科技型中小企业的融资需求及融资偏好是解决其融资难的重要基础。本案例将介绍首都在线、北京神马科技、中软科技网络三家北京市典型的科技型中小企业的融资实践，重点分析融资需求及融资偏好。

北京市中关村作为科技型中小企业较为密集的地区,据统计,其科技型中小企业的贷款规模仅占北京市贷款总量的3%。由此看出,即便是中关村地区,也依然存在科技型中小企业融资难的问题。我们选取北京市科技型中小企业融资案例,重点研究融资需求及融资偏好。

14.1 北京市科技型中小企业案例样本选择

科技型中小企业融资方式包括内源融资、外源融资。其中,外源融资又可以具体分为直接融资、间接融资和政策性融资三种方式。

在案例样本选择上,我们主要依据三方面的条件:第一,符合科技型中小企业的各项条件;第二,样本公司主要位于中关村科技园区及昌平科技园区;第三,公司在2010年以后注册,且目前已经产生较大盈利,融资需求相对较大。我们选取的三个样本企业信息如表14-1所示。

表14-1 样本企业基本信息

项目	首都在线	北京神马科技	中软科技网络
行业	计算机/网络通信	生物医药	数据通信设备
企业家受教育程度	学士	博士	硕士
注册时间	2010年	2010年	2010年
员工数	20人	20—30人	30人
企业性质	股份制	股份制	股份制
主营业务	提供高性能的云计算、首都在线托管及IT增值、IT外包、通信集成等高效且优质的信息技术服务	动物药物、医药(生殖内分泌方向)	芯片和整机系统

14.2 首都在线融资偏好案例分析

首都在线的全称为北京首都在线科技股份有限公司,成立于2005年,总部设在北京市。目前,在上海市、深圳市及美国多个地区均设有分公司。2010年8月,首都在线正式挂牌上市,是我国成立较早的云计算服务供应商。在市场竞争力方面,从事类似业务的有三家公司,但其他公司尚处于起步发展阶段,尚未构成竞争威胁。

在十余年的发展历程中,首都在线共进行了三次融资:

第一次,公司创立之前。投资主体主要集中在对首都在线的经营产品及经营理念具有较大认同感的个人,投资活动具有较为明显的个人主观色彩。融资规模较小,很难在公司后续生产规模的扩大等方面发挥作用。

第二次,公司初创期。在获得一定的原始资本之后,为了满足首都在线不断增长的资金需求,公司开始寻求银行贷款。但是,是否拥有抵押物是银行评判企业能否获得贷款的一个主要标准。首都在线的生产经营主要以轻资产为主,公司通过所在科技园区和银行的合作关系,仅获得50万元的贷款,完全不能满足其扩大生产规模的需求。

第三次,公司成长期。随着首都在线生产规模的进一步扩大,资金需求进一步增加。由于发展前景良好,机构投资者成为公司获取融资的主要渠道,但是机构投资者大都集中在长期投资方面,并没有解决公司的短期融资问题。

经历了三次融资之后,首都在线积极总结融资中的经验教训。为了提升第四轮融资的质量水平,公司管理者在融资之前,重点考虑了以下两方面的因素:

第一,投资者的资金拥有量水平。如果投资者的资金拥有量较少,就很有可能出现流动性资金链条断裂等情况,将会给公司的经营发展造成毁灭性的打击。

第二，依托当前金融经济发展政策及发展趋势，公司管理者认为可以将融资重点放在新三板融资上，因此需要资质良好的机构投资者负责首都在线的新三板上市工作。考虑到新三板公司目前的经营发展规模，新三板资本通常会选择投资于成长水平高、信誉资质好的企业，因为它们有助于实现资本的增值。

14.3 北京神马科技融资偏好案例分析

北京神马科技有限公司成立于2011年，注册资本为5 000万元，主营业务为药物研发以及为医院、院校及其他企业提供生物实验等。公司位于中关村科技园区内，目前拥有员工30人左右，原始投资者为中国农业大学的教师。目前，北京神马科技尚处于初创阶段，在医药行业具有较强的竞争力，但公司在医药研发方面不但存在较大的风险，而且研发周期较长、资金流动性较差。

在北京神马科技成立初期，公司原始资本投入大都来自创始人，具体体现在以下两方面：

第一，管理者自有资金。在公司初创期，主要投资者总共投入资本30万元作为启动资金，同时致力于在生物医药等方面的科技研发工作。2011年，为了进一步扩大生产规模，北京神马科技拟投入800万元开展有关化工产品的研发工作，但是受到市场发展环境等因素的影响，很快便退出这一领域。从此，北京神马科技将研发重点集中在生物医药方面。

第二，个人借贷资金，也可以形象地称为朋友圈融资。北京神马科技创始人凭借医药工作爱好者朋友圈的优势，积极发动朋友圈社会关系网络，采用众筹融资的方式，为公司赢得较强的资金流动性。

经过几年的发展，在创业初期开展的研发项目，目前大都接近尾声，不久将会进入临床试验阶段。那时，公司将面临更大的资金需求。

对于公司今后的融资渠道，公司管理者的考虑主要集中在以下三方面：

第一,充分注重行业投资者对解决公司融资问题的作用。除了投资者能带来的一定的资金支持,其他优势产业资源也是公司管理者最希望得到的东西。公司创始人指出:“对于生物医药行业而言,药物的研发成功只是万里长征的一小步。当公司拿到临床许可证之后,接下来还要开展三个周期的临床试验,而且临床试验的成功率通常比较低,大都为5%左右的水平。一旦药物产品临床试验获得成功,后期投入生产的生产场地及固定资产投入等还需要大量的资金,这些都是影响公司发展的主要因素。”

第二,不考虑利用银行信贷方式获得融资支持。目前,在医药行业,市场竞争非常激烈。对于同一类药物,各大主要药物生产公司都在开展研发,那么首先研发出产品的企业将会最先抢占市场,从而获得较高的盈利水平。但是,从银行贷款的流程来看,贷款审批时间较长、手续烦琐,将会极大地影响公司后续的生产等工作。从这一角度来讲,北京神马科技不会利用银行信贷方式解决自身的融资问题。

第三,政府基金量级较小。作为药物研发企业,特别是当研发中的药物进入临床阶段时,需要的资金数额将会达到上千万元的水平,而且需要源源不断的资金支持。但是,政府融资支持给予的资金规模通常比较小,很难满足公司在药物研发特别是药物临床试验阶段的资金需求。

14.4 中软科技网络融资偏好案例分析

中软科技网络位于中关村园区,成立于2012年,公司主要产品及服务为研发可控网络整机系统,涉及产品、定制生产以及销售服务等环节,拥有员工40余人。中软科技网络的产品研发团队形成于2008年,一直将产品生产集中在芯片研发等方面,但是在具体工作的开展中,受生产配套设施研发难度高、公司生产规模较小等因素的影响,目前公司仍处于初创阶段。

中软科技网络自成立以来,大都以原始资本维持生产,没有采用对外融资方式解决流动性问题。目前,公司每年保持的流动资金大约为1 000万

元,营业收入水平较高,能够很好地弥补成本支出。到目前为止,之所以没有进行对外融资活动,主要是受到以下三方面因素的影响:

第一,与中软科技网络合作的企业,大都隶属党政军等政府部门,由于业务往来之间的保密性,公司不方便引入海外资金。

第二,受到自身业务特殊性等因素的影响,即便中软科技网络能引入国内的风险投资,但是公司某些信息尚不能公开,银行等金融机构在审查中软科技网络资信的过程中,不能有效地开展相关调查活动,从而会影响公司资产的评估工作。

第三,中软科技网络在经营过程中,受国家政策等因素的影响比较大,公司在开展风险投资活动时很难预测政策变动的复杂性。

受到融资难等因素的影响,中软科技网络发展所需资金受限,很难实现规模生产,与国外同类产品相比,市场竞争水平较低。在融资方式上,公司管理者根据公司目前发展的实际情况,提出获取资金来源的方式如下:

第一,行业内国有企业资金。由于经营业务的特殊性,中软科技网络必须更多地关注国家政策以及市场的变动情况。如果公司拥有专利生产技术,在进行企业价值评估时,就会很容易受到外部的关注。采用这种方式进行融资,主要是以公司过去的业绩发展情况以及将来一段时间内的发展预期水平为参考,符合中软科技网络目前的发展阶段。

第二,政策性资金。从中软科技网络实际的经营发展现状来看,虽然政策性资金能够给予的资金有限且申请门槛高,但是公司能由此获得政策性资金,还可以利用双向循环引导机制再融资。这可以作为公司的主要融资方式。

第三,机构投资者带来的产业资本。2017 年,中软科技网络将要开展第一轮融资计划,主要采用股权融资的方式,以吸引更多的投资者进行市场投资活动。除了利用风险投资基金解决资金需求问题,中软科技网络还考虑了以下两种融资方式:一是并购性质的资金。在目前的市场竞争环境下,同行业企业数量较少,整体上市场发展比较稳定,暂时不需要以并购的方式筹措资金。二是个人投资者的资金。作为个人投资者的资金,资金量比较少,很难带动企业提高生产技术水平,由此也暂时没有进入公司的融资计划。

14.5 北京市科技型中小企业融资偏好总结

1. 股权融资成为融资渠道的优先选择

通过上述案例分析发现,上述三家公司在融资方式的选择顺序方面,均将股权融资放在第一的位置,比如北京神马科技的朋友圈融资模式,首都在线随着自身的发展也选择股权融资。我国科技型中小企业之所以选择股权融资方式,主要有以下原因:

首先,从产品结构上看,科技型中小企业生产的产品大都以轻资产为主,在向银行申请贷款时,由于没有足够的抵押物,很难获得较大规模的信用贷款。

其次,银行贷款审批流程复杂,贷款审批时间较长,大多数企业不愿意采用这种融资方式。目前,在上述三家公司中,虽然首都在线以银行贷款的方式解决了部分融资问题,但是最终获得的贷款数额十分有限,远远不能满足公司发展的需求。

这些公司能获得银行贷款,大都缘于公司所在工业园区与政府、银行等建立了合作关系,从而能为公司的发展提供利率水平较低、一定资金规模范围内的银行贷款支持。投资者通过股权融资的方式投资科技型中小企业,主要是因为大多数科技型中小企业发展前景广阔,他们能够借助股权融资方式获得投资资金的保值增值。

2. 金融资本股权融资与产业资本股权融资

在股权融资中,管理者应该正确处理好是选择金融资本还是选择产业资本。两种方式各有优势与不足。根据企业发展阶段、所需资金规模以及自身实际发展情况等不同条件,企业选择股权融资的具体方式不尽相同。

如表14-2所示，我们根据上述三家公司的发展特点，分别从金融资本和产业资本两个方面分析股权融资渠道选择。

表14-2 股权融资渠道选择及其影响因素

项目	首都在线	北京神马科技	中软科技网络
已有融资渠道	自有资金、个人投资者资金、银行信贷资金、机构投资者资金	自有资金、个人投资者资金、风险投资者资金	自有资金
未来融资偏好	新三板资金：创业者认为这类资金符合公司当前发展阶段的需求	带有一定资源的金融资本、银行信贷资金	行业内国有企业/中央企业投资，国家政策性资金，带有产业资本的机构投资资金
期望融资渠道带来的资源	不考虑来自行业内的资金，认为这类资金存在复制公司商业模式的风险	公司资信、财务法律等方面的专业知识	市场、客户稳固、政策导向等
影响融资偏好的因素	投资者资金实力、公司当前发展阶段、公司技术保密	创业者对公司控制权的态度，公司发展阶段	客户的特殊性、轻资产评估的不对等性、政策敏感性

（1）金融资本股权融资

通过对以上三个案例的具体分析，我们发现，目前已经上市的首都在线根据自身的实际经营发展现状选择了金融资本股权融资方式。之所以选择这一方式，主要是因为：目前，首都在线生产规模不断扩张，已经进入批量生产阶段，特别是在上市之后，公司各项制度均已非常完善，拥有良好的市场环境和稳定的客户来源。比如，首都在线目前已经和中科院等科研院所签订了合作协议，再加上市场中生产同类产品的企业相对较少，所以公司目前市场竞争压力较小，不需要将大量的资金用于市场开发与市场扩展上。也就是说，公司融资渠道的选择在很大程度上受到公司产品与市场依赖程度等因素的影响。

（2）产业资本股权融资

上述案例公司中，虽然中软科技网络、北京神马科技目前没有上市的计划，但是公司管理者一直在寻找适合公司发展的机构投资者和个人投资者。经过与诸多风险投资者的接触，公司管理者大都倾向于选择产业资本的股权融资方式。这主要是考虑了以下三方面的因素：

第一，产业资本股权融资方式是大多数处于初创期企业的选择。在初创阶段，企业生产经营发展能保持在一个稳定的水平上，生产规模能维持企业的发展现状，尚未进入发展成长期。目前，对于中软科技网络来讲，公司年收入水平保持在 1 000 万元左右，而每年需要保持的流动性水平也在 1 000万元左右。在这种发展状况下，如果公司未能通过融资方式解决流动性问题，在很大程度上就会影响公司生产规模的扩大。同样，对于北京神马科技来讲，公司目前每年的盈利水平也仅仅能维持生产成本，在这种条件下，很难进入下一个发展阶段。

第二，在行业特性上，企业愿意接受产业资本进行股权融资，缘于这类企业所具有的特殊性——产品资源及产品依赖性比较强。对于中软科技网络来讲，其主要从事的领域涉及国防基础工业建设，保密性较强，所以公司不能以引入海外风险资本的方式获得资金支持；而对于北京神马科技来讲，其从事生物医药的研发工作，生产周期很长，接受金融资本进行股权融资的时间较长，期间的不确定性越强，由此产生的风险越大。因此，自身行业的特殊性给企业融资渠道的选择形成了很大的制约。

第三，对于选择产业资本进行股权融资的企业来说，创业者大多拥有非常明确的创业目标，即始终将追求可持续发展的理念作为企业最主要的发展目标。根据这些创业者的理念，他们不会过多地关注产业资本所带来的股权稀释。因此，企业对于融资方式的选择，在很大程度上还受到企业管理者对股权融资所持有的态度的影响。

综上所述，企业目前所处的发展阶段、产品对市场的依赖程度以及创业者自身的创业理念等，都对企业融资渠道的选择具有非常显著的影响。

请思考

1. 我国科技型中小企业在不同成长阶段具有哪些融资偏好?

2. 产业资本股权投资对科技型中小企业的发展有什么影响?

3. 金融资本股权投资对科技型中小企业的发展有什么影响?

4. 请结合上述案例思考,相对于单一股权或债权融资方式,投贷联动模式是否更符合科技型中小企业的融资需求?

参考文献

[1] 褚晓琳,王文举.基于内部人控制的股权融资偏好博弈分析[J]. 经济与管理研究,2010(12):88—89.

[2] 褚晓琳.中国上市公司股权融资偏好的文献综述[J]. 首都经济贸易大学学报,2011(04):34—36.

[3] 李桂君,王瑶琪,江俊龙,刘静琳. 初创期科技型中小企业融资特征的案例研究[J]. 管理案例研究与评论,2011(02):78—79.

[4] 唐雯,陈爱祖,饶倩.以科技金融创新破解科技型中小企业融资困境[J]. 科技管理研究,2011(07):47—48.

[5] 张玉明.中小企业融资策略[M].济南:山东大学出版社,2004.

15 杭州银行科技金融创新

摘要

如何让金融更好地服务实体经济尤其是规模小、数量多、吸纳就业人数多的小微企业，是近年来金融监管机构着力引导的方向。杭州银行把科技金融业务作为三大战略重心之一，走出了一条差异化、专业化的道路。杭州银行多年来深耕科技金融，开展了银投联贷、投贷联动等创新业务，不但支持了一大批具有成长潜力的科技型企业，而且在体制机制、管理模式、行业研究、客户培育、产品创新及渠道搭建等方面取得了新成效，有效推动了科技型企业与金融服务的结合，营造了有利于科技产业发展的金融环境。本案例介绍杭州银行在科技金融创新的管理体制、风险控制体系、服务模式等方面的经验，并思考和探讨所出现的问题。

15.1 发展背景

杭州银行针对杭州市成立五年以内的科技型中小企业进行了抽样问卷调查和实地调研，调研结果反映了三个问题：首先，94%的被调查企业面临资金短缺问题，这一问题排在制约企业发展重要性因素的第二位；第二，64%的被调查企业认为获得银行贷款较难，近 24%的被调查企业则认为很难；第三，63%的被调查企业认为造成银行融资难的最主要原因是担保困难。

从调研结果所反映的问题可以发现：大部分科技型中小企业对获取外部融资怀有期待，但是受制于担保方式难以落实等客观原因，它们获取银行融资的可能性很小。在供给侧结构性改革的大背景下，解决这一矛盾刻不容缓。如何更好地顺应经济发展趋势，通过金融创新更好地服务实体经济、支持创新创业、助推产业转型，成为杭州银行的重点课题。

15.2 发展历史

杭州银行在政府差异化、特色化发展政策的引导下，在政府的支持和推动下，早在 2009 年就提出将“科技金融”作为全行战略发展业务板块，将发展科技金融作为服务实体经济、助推经济转型升级、推动自身转型发展、探索特色经营、培育优质客户群的重要选择。杭州银行一直秉承“专业、专注、专营、创新”的发展理念，不断在科技金融领域探索与实践，不但支持了一批具成长潜力的科技型企业，而且在体制机制、管理模式、行业调研、客户培育、产品创新及渠道搭建等方面做出了卓有成效的探索。

截至 2015 年年末，杭州银行服务的科技金融客户数达到 4 005 户，融资余额为 205.73 亿元，客户数和融资余额近三年平均增长率分别为 88.69%和 57.22%，远高于其他企业客户群体和资产的增速；户均融资保持在 500 万元左右，真正做到了服务实体、扶持创新；有 182 家科技型企业在 A 股主板或创业板上市,410 家科技型企业在新三板挂牌,在扶持企业成长方面取得了实效。

目前,科技金融业务不仅成为了杭州银行核心资产的重要组成部分,还在经营区域营造了有利于科技产业发展的金融环境,在市场上形成了较好的口碑。杭州银行多次荣获“年度最佳科技金融服务城市商业银行”“银行业最佳服务科技企业奖”“最佳金融服务创新奖”“十佳金融产品创新奖”等奖项。

15.3 创新科技金融管理体制

1. 建立科技金融专营机构

在国内城市商业银行群体中,杭州银行是较早突破传统经营思维,以专业机构、专业人员开展科技金融服务探索的银行之一。2009 年,杭州银行在杭州设立了浙江省首家科技金融专营机构——科技支行。2011 年,杭州银行开始在北京、上海、深圳、南京、合肥、宁波等分行所在地区推广科技金融服务,陆续成立七家科技金融专营机构。2013 年,借鉴科技金融服务经验,杭州银行在杭州设立专门服务文化创意产业企业的专营机构——文创支行。随着科技金融品牌影响力的提升,2014 年,杭州银行成立了总行科技文创金融部,并开始在浙江省内的温州、绍兴、金华、嘉兴、湖州、衢州、丽水等地,围绕地方产业结构转型升级和产业引导政策推行科技金融特色经营策略。至此,杭州银行科技金融专业化组织框架基本成型,科技文创金融专营和特色机构达到 14 家。

2. 成立科技文创金融事业部

经过充分调研和反复论证,2016 年 3 月,杭州银行成立科技金融事业部,采用扁平化、专业化的管理体制,目标是逐步整合国内重点城市创新创业资源,进一步提升杭州银行在科技金融领域的领先地位。杭州银行科技金融将形成由创新管理委员会统筹领导、以总行直属事业部为核心、以分行辖属专营机构和特色机构为两翼的杭州银行科技金融组织架构。

3. 设置单独的管理政策

针对科技型企业轻资产、高成长的特点,杭州银行主要实行五个“单独”机制,降低科技型中小微企业的融资准入门槛,提高服务效率。

一是单独的客户准入机制。杭州银行首创科技金融客户分层管理,各个层级的科技金融客户在系统中均拥有客户专属标识。在传统银行信贷评价标准之外,实行单独的信贷准入机制,经总行科技文创金融事业部审核,使部分不被传统银行接受的科技型中小微企业也能获得银行融资。

二是单独的授信审批机制。采取风险管理前移政策,总行向科技金融专营机构派出专职审查审批人员,简化了审批流程,更贴近市场和客户,提高了审批质量与审批效率。

三是单独的风险容忍政策。考虑到科技金融业务自身的风险特征,对其单独设定的风险容忍度为一般业务的两倍。对创新型科技金融客户和业务实行相关人员尽职免责政策。

四是单独的业务协同政策。在坚持专营化的同时,为了充分利用其他支行网点资源,杭州银行面向全行其他机构出台了专门的业务协同政策,拿出一定的财务资源,对其他机构推荐、参与的相关业务给予“双边奖励”的特殊政策。

五是单独的薪酬考核政策。杭州银行为科技金融客户单独设立专项考核办法,对科技金融专营机构设立差异化的 KPI(关键绩效指标)考核标准,在内部考核上降低对科技金融客户的资本回报率要求,同时将政府财政性补贴纳入机构收入予以考核,以激励机构发展科技金融业务。

15.4 搭建科技金融风险控制体系

1. 专职审批人制度

总行派出专职审批人常驻科技金融专营机构,深入研究科技型企业的经营特点，不断总结规律，厘清贷款审批风险控制要点，实施专业化、专职化审批。对于创新创业类科技型企业来说，其价值更多地体现在未来成长潜力上。因此，杭州银行不仅基于企业当期财务指标等传统银行授信要求条件对企业进行风险评估，还更多地考虑企业的核心技术、市场潜力、团队能力、商业模式等因素，以便在评估企业潜在风险的同时，发掘企业潜在价值。

2. 重大项目联合评审

杭州银行成立了由技术专家、政策专家、信贷专家和投资专家等组成的联合信贷评审委员会，参与重大信贷项目和业务的评审，以“投资者的眼光看待企业”，突破传统银行根据企业现状判断贷款是否可行的局限性，有效提高科技型企业的融资成功率，有效防控风险。

3. 专业化行业分析

杭州银行将科技金融业务目标锁定为拥有自主知识产权或创新性商业模式的科技型中小企业，从产业、行业、企业、产品等不同维度进行风险识别与分析，有针对性地设计企业授信风险控制方案，有效强化专业风险控制能力。

4. 全流程尽职管理

杭州银行从贷前调查、贷款审查、放款核查及贷后管理等各个环节，强调必须尽职履责，客观、公正、全面反映客户风险状况，从而采取有针对性的措施以动态防控风险，实现业务的可持续发展。

15.5 探索科技金融服务模式

1. 全面创新融资方式

(1)根据科技型企业生命周期提供差异化服务体系

作为一家城市商业银行，杭州银行发挥自身优势，依靠产品和平台构建自己的经营特色，聚焦营销、集约创新。杭州银行在科技金融专营机构设置“创新产品实验室”，针对战略新兴产业普遍存在的轻资产、高成长的特点，根据企业经营特征提供服务,解决融资问题。针对科技型企业生命周期不同的发展特点和核心需求,杭州银行开发了CDPA(即以客户为核心,以客户特征和需求为导向,以优质的产品和服务为媒介,促进客户持续成长)的科技金融服务体系。

(2)根据科技型企业特征创新融资产品

杭州银行重点研究并开发知识产权、企业无形资产和著作权等质押方式,以解决战略新兴产业普遍缺失抵(质)押物的问题,从而支持大量的初创型、缺乏固定资产但具备核心创新能力和服务能力的科技型企业在发展初期获得资金;通过专营机构引导政府资金从直接补贴科技型企业向完善企业融资环境转变,更好地发挥财政资金的杠杆作用;积极推广"风险池基金"模式,整合政府、担保公司和银行三方资源,通过风险共担方式分散银行信贷风险,增强银行信贷投放的积极性。此外,杭州银行在现金流控制、账户封闭管理的基础上,根据企业经营特征不断开发相关的信用类信贷品种。

在金融产品方面,杭州银行针对科技型企业的高风险特点,除与政府、担保公司等合作构建"风险池基金""孵化贷""基金宝"模式外,还与创业投资公司合作推出"银投联贷""选择权贷款"模式,并重点推出一系列无需企业提供外在抵押、担保的创新产品,如"订单贷""存货质押贷""知识产权质押贷"等。

2. 发力投贷联动业务

(1) 建设完整的"投贷联动"产品链

杭州银行是最早开始实践创新创业企业"投贷联动"的商业银行之一。与国有银行及股份制银行围绕大企业和大项目开展投行化、资管化的"投贷联动"不同,杭州银行的"投贷联动"围绕创新型中小微企业开展。早在2010年,杭州银行科技支行就创新开发出"银投联贷"模式,提出以创业投资的眼光看企业,紧密围绕创业投资挖掘客户,依靠创业投资服务客户,这也是最早的"银投联动"模式。2011年,杭州银行科技支行再次创新,推出"期权贷"业务,通过对创新型企业的融资支持,获得以期权为载体的企业成长收益。之后,杭州银行科技支行在"期权贷"的基础上创新开发出"投贷联动—选择权业务"模式。

经过多年的发展,杭州银行已经拥有完整的"投贷联动"产品链,包括"银投联贷""选择权""基金委托投资""企业股权投资""投融顾问"等各项业务模式。

截至2015年年末,杭州银行有近300家专业创业投资合作伙伴;500余家企业获得创业投资;持有120家企业股权或期权选择权,其中8户已获得累计1 200余万元选择权退出收益;已投或拟投创业投资基金7只,累计11.9亿元;通过杭州银行的投融顾问,近三年有40家企业被并购。

杭州银行计划将"投贷联动"嵌入科技文创金融事业部中,成为事业部的核心业务。未来,杭州银行将以更专业、更创新、更融合的姿态服务广大的创业者、创新型企业、创业投资机构和产业基金,与客户共同探索并完善我国商业银行的"投贷联动"模式。

(2)致力于服务"创新+创业+创投"

经过数年的发展,杭州银行已经将科技金融定位从"为科技型中小微企业提供融资服务"向"左手融资、右手投资,服务创新、创业、创投的科技银行"转变。

杭州银行一直以打造中国的硅谷银行为目标:在组织架构上实现"专业化",从专营支行到事业部,未来将探索从事业部到子银行;在产品服务上实现"投行化",深化"投贷联动",紧密围绕多层次资本市场及私募股权投资市场研发产品;在营销模式上实现"渠道化"。作为科技金融平台,杭州银行身边将聚集越来越多志同道合的伙伴,汇聚智慧,创造价值。

3. 搭建"1+N"科技金融生态圈

(1)提供政府科技金融引导政策综合解决方案

杭州银行将渠道资源整合和平台化运营作为科技金融的重要商业模式与客户增值服务,致力于搭建"1+N"渠道生态圈,其中政府渠道是科技金融的重点服务对象之一。

在与政府机构合作方面，杭州银行与当地科技文创金融相关管理部门（如发改委、科技局、文创办、经信委、中小企业局）建立合作关系；积极参与政府相关部门对科技金融客户群的批量推荐与业务互动；积极争取政府贴息、财政补贴、风险池基金、产业引导基金等财政扶持类政策，与政府共同服务科技型中小企业；为企业梳理并推送各项扶持政策，提升增值服务；与相关部门共同推进科技金融服务信息平台的建立与推广。

在与园区合作方面，杭州银行与当地的各类经济开发区、高新技术园区、创业园区及各类特色产业集群基地等建立联系，深入科技型企业的集聚地，实现以点带面的集群式服务。杭州银行不仅为园区建设提供融资服务，解决园区在建设、管理、招商、维护等过程中遇到的资金需求，还为园区内企业提供融资、结算、网络银行、自助银行、账户管理、POS 消费等金融服务，如园区结算“一卡通”等，并根据园区运营特征开发“租金贷”等创新型金融产品，较好地服务园区内企业。

（2）嵌入创业投资全周期服务，打造“创投银行”

创业投资渠道合作是杭州银行推动科技金融板块业务的亮点之一。杭州银行以“投融一站通”品牌为支撑点，根据创业投资基金“募、投、管、退”四个阶段全方位的服务需求，以基金托管、客户和渠道推荐、“银投联贷”、匹配融资及其他各类增值服务为抓手，在控制风险的前提下，充分放大社会资本的使用效率，通过创业投资服务形成渠道效益，进而支持创新创业。例如，在与创业投资渠道合作的过程中，杭州银行借助创业投资渠道的专业判断与客户输出能力，综合考虑企业未来成长性，给予信用、股权质押等弱担保方式的授信，通过“选择权”业务或“银投联贷”业务的产品，为广大处于成长期的中小微企业提供充足的金融支持。同时，考虑到科技型企业往往侧重于优质项目的建设，杭州银行与创业投资机构合作，将银行表内融资、私募基金及公司自有资金投入相结合，进行优先劣后安排，实现直接融资与间接融资的封闭式运作，形成夹层融资模式。

此外，在资本市场日趋成熟的大环境下，杭州银行与创业投资渠道密切合作,持续致力于协助科技型企业在资本市场进行 IPO、挂牌新三板、并购与被并购、发行债券等业务的拓展,并在业务模式上结合投资银行业务进行创新。

截至 2015 年年末,杭州银行已拥有创业投资类渠道合作伙伴 297 户,较当年年初新增 103 户。其中,深创投、IDG 资本、摩根士丹利、经纬中国、创东方、盛世投资、赛伯乐、天堂硅谷、华睿创投等国内外知名创业投资机构均与杭州银行建立了紧密的合作关系。

请思考

1. 杭州银行如何设立单独的科技银行管理体制?
2. 针对科技型企业的高风险特征,杭州银行如何进行风险控制?
3. 杭州银行的"投贷联动"模式有哪些?
4. 杭州银行如何发挥科技金融生态圈的协调作用?

参考文献

[1] 陈怡.浙江省科技金融专营机构的实践经验及国际比较——基于杭州银行科技支行与硅谷银行的比较分析[J].浙江金融,2015(09):25—29.

[2] 丁锋.杭州银行的科技金融创新[J].银行家,2016(04):20—23.

[3] 朱志刚.科技金融专营机构解决科技型中小企业融资难的实践与探索——以杭州银行科技支行为例[J].杭州科技,2015(01):41—45.

16 科技创新企业璞泰来的并购、上市之路

摘要

上海璞泰来新能源科技股份有限公司于2012年成立，经过一系列并购、重组等资本运作，于2017年11月初在上海证券交易所成功上市，该公司掌握的负极材料技术使其成为锂电行业的一匹黑马。本案例介绍璞泰来如何通过资本运作与产业布局成功在A股市场IPO上市，并进一步延伸产业链实现产业协调。本案例对科技创新企业如何对接资本市场获得助力提供有效经验。

五年做到全球负极材料第四,关键材料国产技术突破,业绩两年翻番……从此,五年上市不是梦!上海璞泰来新能源科技股份有限公司(以下简称"璞泰来")作为一匹锂电黑马刷新着各种纪录。身处新能源行业"风口"的璞泰来,从诞生成立到IPO的速度不可谓不快。

2012年11月,璞泰来成立于上海张江高科技园区,注册资本10 000万元,梁丰和璞泰来总经理陈卫分别出资7 000万元和3 000万元,分别占注册资本的70%和30%;2015年11月,璞泰来完成股份制改造;2016年1月,璞泰来与中介机构国金证券签订上市辅导协议;2016年6月17日,中国证监会网站披露璞泰来IPO招股说明书申报稿;2017年5月,璞泰来发行上海地区首单"双创债";2017年8月29日,证监会发审委公告宣布,璞泰来IPO获通过;2017年10月13日,璞泰来获得证监会核发的IPO批文,计划募资9.99亿元。2017年11月初挂牌上海证券交易所上市后,璞泰来短短两个月就启动重大资产重组。2018年3月,璞泰来发布重大资产重组进展公告,拟以发行股份及支付现金方式收购广东东莞超业精密设备有限公司100%股权,旨在进一步延伸璞泰来锂电池生产设备业务链。

璞泰来作为上海科创中心典型的科技创新企业,从前期研发与运营到并购和技术投资、科技创新成果转化,再到科创人才引进和激励,都获得了来自资本市场的支持,并有效助力了璞泰来实际控制人梁丰(持股比例55.19%)在资本和产业上的战略发挥与布局。梁丰本人做过产业(东莞SAE策划工程部经理),当过公募基金经理(中信基金、友邦华泰基金),还做过私募(上海毅扬投资),但是好像每个投资人都有个产业梦,于是2012年拉上自己的前同事陈卫(ATL工程总监及研发副总裁)开始一波轰轰烈烈的产融布局。

自2012年成立以来,凭借两位创始人极强的人脉资源和产业背景,璞泰来在五年里以最初的锂电池(江西紫宸持股65%)为起家业务,通过新设、收购和出售子公司等一系列资产重组行动,完成了在锂电池行业上下游关键材料和设备的产业链布局。2012年,璞泰来收购东莞凯欣80%的股权,在

2014—2016 年分别购买了深圳嘉拓的经营性资产，收购了东莞卓高 65%的股权、上海电能源 100%的股权，以及江西紫宸、深圳新嘉拓、东莞卓高、东莞卓越少数股东权益，并出售了东莞凯欣 80%的股权。公司 2017 年 IPO 募集近 10 亿元用于新增年产 2 万吨负极材料产能（5.9 亿元）、2.4 亿平方米涂覆隔膜产能（2 亿元）和 230 台涂布设备（2 亿元），多数项目将在 2019 年集中投产。璞泰来业务布局如图 16-1 所示。

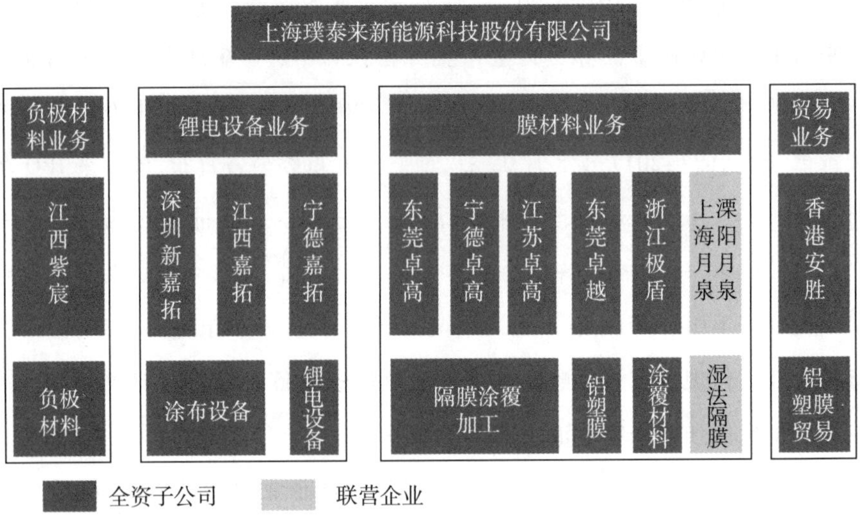

图 16-1　璞泰来业务布局

资料来源：璞泰来《招股说明书》。

16.1　公司概况

璞泰来主营业务为锂离子电池负极材料、自动化涂布机、涂覆隔膜、铝塑包装膜、纳米氧化铝等关键材料及工艺设备的研发、生产和销售，为下游客户提供专业性、高品质的新能源锂离子电池材料及专业工艺设备综合解决方案，通过渠道共享、研发合作、工艺配套等实现关键业务价值链的产业协同。目前，璞泰来已与 ATL、宁德时代、三星 SDI、LG 化学、珠海光宇、中航锂电、天津力神、比亚迪等行业知名企业建立了密切的业务合作关系。2017

年6月,璞泰来在《中国企业家》杂志社组织的“21未来之星—2017年度最具成长性新兴企业”评选中,荣登未来之星百强榜。江西紫宸曾荣获“高工产研锂电研究所金球奖(负极材料优质供应商)”“中航锂电卓越供应商”“三星SDI最佳合作伙伴”荣誉称号,深圳新嘉拓曾荣获“高工锂电金球奖”荣誉称号,璞泰来的行业地位突出。2015年、2016年,江西紫宸负极材料在中国的市场占有率分别为12.64%、14.80%,居中国第三;2016年全球市场占有率为10.50%,位列全球第四。深圳新嘉拓2014年在中国锂离子电池前端设备企业排名中位列第二,市场占有率为11.2%;2015年中国全部锂电设备产值排名中位列第三,市场占有率为4.62%;2016年在中国锂电池设备竞争格局排名中位列第三,市场占有率为5.2%。东莞卓高2016年在前十家隔膜厂商产量排名中位列第九,占比为4.8%。璞泰来的负极材料、自动化涂布机、涂覆隔膜、铝塑包装膜生产技术处于国内领先地位,全资子公司江西紫宸、深圳新嘉拓、东莞卓高均是高新技术企业。江西紫宸建立了宜春市锂电动力汽车负极材料工程研究中心,并与中科院物理所开展“高能量密度锂离子电池纳米硅碳负极材料”的合作研发,联合共建中科院战略先导专项中试基地。深圳新嘉拓“新型涂布机关键技术研发项目”入选“2015年深圳市科技计划”。东莞卓高、东莞卓越分别在涂覆隔膜和铝塑包装膜领域实现了国产化技术突破。

16.2 公司发展及股权更迭

为了满足业务发展的资金需求,2014年11月3日,璞泰来召开股东会,决定将注册资本由10 000万元增至12 500万元,新增注册资本全部由宁波胜跃以货币认缴。增资股价格以璞泰来截至2014年9月30日归属于母公司的每股账面净资产1.26元(未经审计)为基础溢价,确定每股价格为1.3元;增资款共计3 250万元,其中2 500万元增加注册资本,其余750万元计入资本公积。宁波胜跃是宁波海量、梁丰、陈卫出资设立的有限合伙企业,出资额 3 250 万 元,当时的出资结构为宁波海量出资比例为 0.5%、梁丰出资比例为 84.50%、陈卫出资比例为 15.00%,宁波海量为执行事务合伙人,梁丰配偶邵晓梅为执行事务合伙人委派代表。璞泰来增资后的股权结构如表 16-1 所示。

表 16-1 璞泰来增资后的股权结构

序号	股东名称	出资方式	出资额(万元)	注册资本占比(%)
1	梁丰	货币	7 000	56.00
2	陈卫	货币	3 000	24.00
3	宁波胜跃	货币	2 500	20.00
	合计		12 500	100.00

为了更好地激励璞泰来及子公司管理层和核心人员,并配合子公司少数股东上海符禺山、东莞卓好调整部分管理人员的持股方式,2015 年 8 月 17 日,璞泰来召开股东会,决定将注册资本由 12 500 万元增至 27 225 万元,新增注册资本 14 725 万元由梁丰、陈卫、宁波胜跃、宁波汇能、韩钟伟、冯苏宁、刘芳、张志清、王晓明和刘勇标以货币认缴。

为了配合璞泰来收购各子公司少数股权,璞泰来股东会决定将子公司少数股东所持股权调整为直接持有璞泰来股权。2015 年 9 月 17 日,璞泰来召开股东会,决定将注册资本由 27 225 万元增至 33 260 万元,新增注册资本 6 035 万元由上海阔甬、芜湖佳辉、上海符禺山、东莞卓好和齐晓东以货币认缴。

自 2012 年 11 月成立以来,璞泰来通过新设、收购、出售子公司等方式完成了锂离子电池行业上游关键材料和设备的产业链布局。璞泰来开展各项业务的时间如表 16-2 所示。

表 16-2 璞泰来开展各项业务的时间表

业务	开展时间
负极材料	2012 年 12 月新设江西紫宸,开展负极材料业务
涂布机	2013 年 3 月新设滨城新嘉拓,开展涂布机业务

（续表）

业务	开展时间
涂覆隔膜	2014年7月向东莞卓高增资并取得控股权，开展涂覆隔膜业务
软电池用包装膜	2015年4月新设东莞卓越，开展铝塑包装膜、钢塑膜业务
纳米氧化铝粉	2014年7月新设浙江极盾，开展纳米氧化铝粉生产和销售业务
电解液	2012年12月收购东莞凯欣80%的股权，开展电解液业务，因业务战略调整，2014年7月将所持股权全部出售
铝塑包装膜贸易	2013年7月与日本T&T签署代理协议，开展铝塑包装膜镀贸易业务，并于2014年9月设立全资子公司香港安胜，开展铝塑包装膜贸易业务

璞泰来自成立以来，一直专注于锂离子电池行业上游产业链，先后布局了负极材料、电解液、涂布机、涂覆隔膜等四大核心产品，形成了核心材料与关键设备互动发展的新型产业链格局。公司产品结构有一定的变化，但各类产品同属锂离子电池关键材料和生产设备，具有相似的客户结构，而且负极材料、涂布机为收入和盈利的主要来源。2014年、2015年及2016年，负极材料和涂布机合计收入占合并口径营业收入的比重分别为74.45%、84.85%和83.19%，负极材料和涂布机的利润总额占合并口径利润总额的比重分别为85.66%、93.36%和87.77%，构成收入和盈利的主要来源。2014年7月，璞泰来将所持东莞凯欣80%的股权全部转让。尽管2013年东莞凯欣的营业收入、利润总额占璞泰来合并口径营业收入、利润总额的比重分别为47.92%和72.07%，但2013年年末东莞凯欣的总资产、净资产占璞泰来合并口径总资产、净资产的比重分别为25.25%和16.40%，总资产、净资产规模占比较小，该次出售未导致璞泰来的主营业务发生重大变化。

16.3 股份公司设立

2015年11月13日，璞泰来召开临时股东会，决定由璞泰来原股东作为发起人，以经中汇会计师事务所审计的璞泰来截至2015年9月30日的净资产 49 419.22 万元为基数，按 1.4858：1 的比例折合为 33 260 万股，余额 16 159.22万元计入资本公积，股份公司注册资本为 33 260 万元。同日，各发起人签订了《发起人协议》。中汇会计师事务所对该次整体变更的出资情况进行了审验，并于 2015 年 11 月 29 日出具《验资报告》。2015 年 11 月 29 日，璞泰来发起人召开了股份公司创立大会暨第一次股东大会。2015 年 12 月 10 日，璞泰来取得上海工商行政管理局核发的营业执照，统一社会信用代码为 913100000559444463E，注册资本为 33 260 万元，各发起人持股数量和持股比例如表 16-3 所示。

表 16-3　璞泰来各发起人持股情况

序号	股东姓名	所持股数（股）	持股比例（%）
1	梁丰	118 00 000	35.48
2	宁波胜跃	51 120 000	15.37
3	宁波汇能	46 830 000	14.08
4	陈卫	42 620 000	12.81
5	上海阔甬	22 310 000	6.71
6	芜湖佳辉	12 490 000	3.76
7	齐晓东	9 780 000	2.94
8	上海符禺山	8 920 000	2.68
9	东莞卓好	6 850 000	2.06
10	冯苏宁	3 250 000	0.98
11	韩钟伟	3 000 000	0.90
12	刘芳	2 710 000	0.81
13	张志清	2 370 000	0.71
14	王晓明	1 330 000	0.40
15	刘勇标	1 020 000	0.31
	合计	332 600 000	100.00

16.4　璞泰来的并购重组之路

自 2012 年设立以来，璞泰来进行了以下资产重组：

1. 购买及出售东莞凯欣的资产重组情况

(1) 2012 年 11 月收购东莞凯欣 80%的股权

东莞凯欣全称为东莞凯欣电池材料有限公司,成立于 2012 年 3 月 26 日。在收购前,东莞凯欣注册资本为 1 000 万元,股东为自然人晏荦、何乾锋、张艳、刘文增、汤敏敏和乐丽华;经营范围为研发、加工、生产、销售锂离子电池及其材料(不含化学危险品),技术及货物进出口;主营业务为电解液的生产、销售。在被收购前,东莞凯欣及其持股 5%以上股东、董事、监事、高层管理人员与璞泰来及其持股 5%以上股东、董事、监事、高层管理人员不存在关联关系。

2012 年 11 月璞泰来设立,确立了迅速布局锂离子电池等上游产业的发展战略。东莞凯欣主营业务为电解液的生产与销售,符合公司的发展战略,璞泰来认可东莞凯欣的投资价值,因此决定收购东莞凯欣。

(2) 2014 年 7 月转让东莞凯欣 80%的股权

东莞凯欣电解液业务的产业链较短,必须继续布局上游锂盐、添加剂等领域,完善研发、管理团队及化工园区配套等,资本投入较大。2014 年,璞泰来调整业务布局,重点发展负极材料、自动化涂布机、涂覆隔膜业务。涂覆隔膜业务与公司在涂布、纳米陶瓷及隔膜相关的工艺技术与经验积累上更具协同效应。因此,2014 年 7 月,璞泰来决定同时进军涂覆隔膜加工及涂覆隔膜材料(纳米氧化铝)业务,退出电解液业务,故出售东莞凯欣。2014 年 7 月 16 日,璞泰来通过股东会决议,同意将所持东莞凯欣注册资本 80%的股权全部转让给宁波海量。同日,东莞凯欣通过股东会决议,同意璞泰来将所持本公司全部 80%的股权转让给宁波海量,同时同意东莞高昌新能源材料投资有限公司分别将所持 10%、2%、0.3%、0.3%和 7.4%的东莞凯欣股权分别转让给晏荦、张艳、刘文增、乐丽华和宁波海量。

2. 2013 年购买深圳嘉拓经营性资产

深圳嘉拓成立于 2005 年 8 月 31 日,注册资本为 100 万元,是国内较早实现涂布机国产化的厂商之一,一直专注于锂电池涂布机领域,成功开发出转移、挤压、陶瓷涂布等一系列涂布机产品，并取得ATL、比亚迪、天津力神等众多客户的认证，行业地位突出。2013年年初，深圳嘉拓的原有股东为了获得更好的发展而调整投资计划，决定出售该公司。深圳嘉拓2012年未经审计财务报表显示，2012年营业收入和净利润分别为9 617.81万元和184.73万元，2012年年末总资产和净资产分别为9 721.08万元和277.65万元。璞泰来成立之初即定位于新能源锂离子电池上游行业，希望通过渠道共享、研发合作、工艺配套等实现关键业务价值链的产业协同。深圳嘉拓的主要产品（涂布机）是锂电前端核心设备，技术门槛高；深圳嘉拓的业务定位与璞泰来的战略定位高度契合，与客户存在较强的协同效应。璞泰来充分认可深圳嘉拓团队的技术实力和行业影响力，希望以此为突破口布局锂电涂布设备领域，实现锂电上游产业协同效应。为了突出主营业务、打造一体化产业链，璞泰来决定收购深圳嘉拓的经营性资产。

3. 2014年增资收购东莞卓高

东莞卓高全称为东莞卓高电子科技有限公司，成立于2011年3月1日，注册资本为500万元，经营范围为研发、生产和销售电子产品、电池、电池组、电池材料、通用机械设备，提供电池材料的相关技术服务，以及货物进出口、技术进出口。东莞卓高是璞泰来创始股东之一、总经理陈卫控制的企业，定位于锂离子电池隔膜涂覆技术服务商，致力于为国内锂离子电池提供安全解决方案。在收购前，东莞卓高的主营产品为锂电池用涂覆隔膜和铝塑膜，与璞泰来存在较强的协同效应。璞泰来充分看好涂覆隔膜业务的发展空间，且认可东莞卓高在涂覆隔膜领域的技术实力，为了更好地实现业务间的协同效应、解决关联交易问题，璞泰来决定通过增资方式收购东莞卓高。

2014年7月，璞泰来和东莞卓好、东莞卓高签署增资协议。璞泰来向东莞卓高增资1 100万元，其中928.58万元为注册资本，171.42万元转作资本公积。增资完成后，东莞卓高注册资本为1 428.58万元，股权结构为璞泰来持有65%的股权，东莞卓好持有35%的股权。东莞卓高于2014年7月29日完成该次增资的工商变更登记。

4. 2015 年收购子公司江西紫宸、深圳新嘉拓、东莞卓高、东莞卓越少数股东权益

为了加强对子公司的控制力,同时更好地实现对重要子公司管理层和核心人员的激励,璞泰来决定将子公司少数股东的持股方式调整为直接持有璞泰来的股权,然后收购子公司少数股东股权。

5. 上海月泉的资产重组情况

(1) 2016 年 8 月,子公司香港安胜收购上海电能源(后更名为"上海月泉")股权

东电化(上海)电能源有限公司(以下简称"电能源")成立于 2003 年 9 月 1 日。收购前,上海电能源注册资本为 4 730 万美元,股东为 TDK 株式会社,经营范围为半导体专用材料,新型电子元器件的开发、生产,销售公司自产产品,提供相关的技术咨询和售后服务。根据毕马威华振会计师事务所(特殊普通合伙)审计的上海电能源财务报告,其 2015 年营业收入和净利润分别为 6 548.18 万元和-893.39 万元,2015 年年末总资产和净资产分别为 8 612.88 万元和-6 319.80 万元。

① TDK 株式会社转让上海电能源的原因如下:首先,因上海电能源长期依赖股东借款运营且经营不善、长期亏损,TDK 株式会社已无意持续提供资金支持其经营。上海电能源长期处于亏损状态,截至 2016 年 6 月末,其未经审计的账面所有者权益为-6 550.80 万元,其中未弥补亏损 41 139.20 万元。自 2011 年连年亏损以来,TDK 株式会社向上海电能源累计提供了 11 468.10 万元股东借款。TDK 株式会社预期上海电能源今后将继续亏损,为维持其运转而继续提供资金支持存在困难。其次,上海电能源租赁的厂房于 2016 年 11 月到期且不能续租,公司面临现有设备拆卸、新厂房选址、谈判与租赁、新址的生产线建设与安装调试、重新开始组织生产经营等一系列工作。TDK 株式会社预计搬迁成本高昂,估算继续运营及完成搬迁至少还需要耗费 6 500 万元,为了回避该笔支出,TDK 株式会社希望由新的投资方主导工厂搬迁和后续运营。

② TDK 株式会社将上海电能源股权转让给香港安胜的原因。基于璞泰来在行业内具有较高知名度,TDK 株式会社及上海电能源管理团队认可璞泰来及其子公司(东莞卓高)在涂覆隔膜领域的技术实力和市场资源,将上海电能源转让给璞泰来或其子公司将实现较好的互补效应,对上海电能源恢复运营和持续发展有利。

③ 收购背景和原因。第一,璞泰来看好锂电湿法隔膜的市场前景并充分认可上海电能源的管理团队和工艺技术的实力,希望通过收购完善在锂电材料产业链上的布局。隔膜是锂离子电池生产的关键材料之一,生产工艺具有较高的技术壁垒,被业内认为是锂离子电池产业链中极具投资价值的产品。锂电池隔膜广泛应用于数码类电子产品、新能源汽车等动力类终端。随着新能源汽车的加速发展及三元动力电池的广泛使用,湿法隔膜拥有广阔的市场空间。上海电能源是国内最早从事湿法隔膜生产的企业之一,积累了丰富的行业经验。第二,上海电能源的隔膜业务与璞泰来全资子公司(东莞卓高)的涂覆隔膜业务具有较好的协同效应。近年来,随着隔膜涂覆技术的成熟,在对干法或湿法工艺生产的隔膜涂覆陶瓷等无机材料后,上述耐高温涂覆隔膜在充放电过程中发生大面积放热后仍能保持隔膜的完整性,极大地提升了锂离子电池的安全性能,“湿法隔膜+涂覆工艺”成为中高端数码类和动力类锂离子电池市场的新兴需求。上海电能源的隔膜业务与东莞卓高的隔膜涂覆业务可以较好地实现协同效应,上海电能源可以较好地保证东莞卓高稳定、优质的隔膜供应,东莞卓高也可以采用涂覆工艺更好地改善隔膜的性能,为客户提供安全、优质的锂电隔膜解决方案。

④ 收购过程。2016 年 7 月 21 日,香港安胜和上海电能源原股东 TDK 株式会社签署了《股权转让协议》,以 400 万元全资收购上海电能源。2016 年 8 月 8 日,上海电能源取得《上海市松江区人民政府关于同意东电化(上海)电能源有限公司股权转让、公司名称变更及法定代表人变更的批复》(沪松府外经字〔2016〕250 号),以及《中华人民共和国台港澳侨投资企业批准证书》(批准号:商外资沪松独资字〔2003〕2369 号)。2016 年 8 月 12 日,上

海电能源办理完工商变更登记手续，并更名为上海月泉电能源科技有限公司（以下简称“上海月泉”）。

（2）2016年12月，香港安胜以上海月泉100%股权参股设立溧阳月泉

香港安胜受让上海电能源股权之后，上海电能源更名为上海月泉并完成了减资，同时重新选择生产基地和安排搬迁事宜，综合考虑就近配套服务客户、土地和人工成本等因素，决定在江苏溧阳的中关村科技产业园建设新的生产基地。锂电隔膜行业属于资本密集型产业，近年来市场价格呈下降趋势，只有规模化生产才能提高效率、降低成本和确保盈利。璞泰来经充分调查后认为：在上海月泉原有的两条生产线中，部分设备经技术改进和设备更新后可使用，但若要达到规模化生产还需要新建若干条新的生产线。据保守测算，仅购置一条生产线和维持新公司的运营就需要至少2亿元的资金支持，而璞泰来正处于快速发展期，自身资金需求量较大，无法完全保证上海月泉的资金需求，因此决定出让上海月泉的控股权，引入新的投资人，通过参股方式投资隔膜业务。2016年8月17日，香港安胜、璞泰来、联动丰业、上海月泉签署增资意向协议，各方约定对上海月泉进行增资。香港安胜认缴出资3 500万元，持股比例为14%，璞泰来认缴出资1 500万元，持股比例为6%，香港安胜及璞泰来合计持股20%；联动丰业指定的基金认缴出资2亿元，持股比例为80%。之后，考虑到若将上海月泉跨省迁移到江苏溧阳行政审批程序较复杂，香港安胜、璞泰来、联动丰业决定调整原来直接增资上海月泉的计划，改为在江苏中关村科技产业园新设合资公司——溧阳月泉电能源有限公司。

并购之后的璞泰来，营业收入和净利润实现节节攀升，引人注目。2014年、2015年和2016年，公司分别实现营业收入5.04亿元、9.23亿元和16.77亿元，分别实现净利润4 507万元、1.58亿元和3.54亿元。2017年，公司主营业务收入22.42亿元，主营业成本14.12亿元，主营业务收入占营业收入的比重超过99.68%，主营业务突出。2017年，公司负极材料实现销量23 554吨，同比增长46.48%，营业收入146 822万元，同比增长39.58%；公司的锂离

子电池设备业务仍以涂布机为主,营业收入 47 767 万元,同比增长 39.03%,全年销量 238 台,同比增长 39.18%;公司涂覆隔膜实现营业收入 21 335 万元,同比增长 6.58%,全年销量 9 553 万平方米,同比增长 51.73%。2017 年公司进行业务调整,逐渐停止铝塑包装膜贸易业务,加快发展铝塑包装膜自产业务,公司自产铝塑包装膜实现销量 246 万平方米,营业收入 3 425 万元,同比增长 99.12%。公司陶瓷涂层材料营业收入 520.25 万元,同比增长 86.53%,业务板块实现扭亏为盈。2017 年的业绩稳定增长使得公司行业地位更加突出。

16.5 IPO 上市与产业协同

2017 年 8 月 29 日,证监会发审委公告宣布,璞泰来 IPO 获通过;2017 年 10 月 13 日,璞泰来获得证监会核发的 IPO 批文,计划募资 9.99 亿元。

上市之后,公司进一步规划产业集聚和产业链延伸,实现在新能源锂离子电池材料及自动化工艺技术领域关键业务价值链的产业协同,为下游客户提供专业性、高品质的新能源锂离子电池材料及专业工艺设备综合解决方案。江苏是国内动力锂离子电池产业的重要聚集地之一,2017 年璞泰来在江苏投资新设江苏卓高新材料、溧阳紫宸新材料、溧阳嘉拓智能设备、溧阳卓越新材料等全资子公司,一方面可以就近服务周边华东、华北以及日韩客户市场,快速响应客户需求,另一方面可以更好地获得华北地区的负极材料原料及外协加工、华东地区设备零部件供应商的配套资源。锂离子电池负极材料目前在璞泰来营业收入中居主导地位,石墨化工序是生产人造石墨负极材料的关键工艺之一,石墨化加工逐步成为璞泰来负极材料产能扩张的瓶颈,为了完善负极材料产业链,璞泰来增资并控股石墨化加工企业——山东兴丰新能源科技有限公司。同时,璞泰来向联营企业(溧阳月泉)增加注册资本 5 000 万元,进一步提高了公司在涂覆隔膜领域的产业协同效应,从而增强了公司的盈利能力,扩大了未来的业务发展空间。

请思考

1. 璞泰来如何通过资本运作在短短五年时间里完成从成立到上市的过程？

2. 分析璞泰来并购重组的战略布局。

3. 思考璞泰来如何通过产业集聚和产业链延伸实现产业协同效应。

4. 璞泰来借助资本市场实现快速发展的路径对科技创新企业有何启示？

参考文献

[1] “脱虚向实”好榜样：基金经理投身实业当大股东，5年就成功上市.http://finance.ifeng.com/a/20171020/15736167_0.shtml

[2] 郭荆璞.核心业务稳定增长，产业协同带来良好发展态势.信达证券证券研究报告.

[3] 上海璞泰来新能源科技股份有限公司《招股说明书》.

17 滴滴融资的前世今生

摘要

2018年7月17日，滴滴出行（以下简称“滴滴”）宣布与在线旅行及周边服务商缤客（Booking Holdings）达成战略合作关系，双方将依托各自的技术能力和本土运营经验，为用户在全球范围内提供更全面和个性化的品质出行体验。通过合作，缤客旗下的APP将为用户提供滴滴叫车服务接口，而滴滴的乘客也将可以直接通过APP在Booking.com或Agoda平台预订酒店住宿。同时，滴滴获得来自缤客的5亿美元战略投资。滴滴的融资名单中有阿里巴巴、腾讯、中投、平安创投、北汽、中信资本、中金、招商银行等重量级大佬，滴滴背后投资机构的市值超过10万亿元。这样的背书名单，可谓“前无古人，后无来者”。滴滴为什么能获得众多投资人的青睐？

17.1 滴滴的发展背景

2012 年,滴滴创始人程维从阿里巴巴离职,在北京创办了小桔科技,9 月 9 日正式上线,此后便与火热发展的移动互联网行业相互交融,不断激发创新灵感。2014 年 5 月 20 日,公司名称正式变更为“滴滴打车”。2015 年 2 月,“滴滴”与“快的”合并,其出租车市场占有率达到99.8%。2015 年 9 月 9 日,“滴滴打车”更名为“滴滴出行”(以下简称“滴滴”)。

目前,作为一站式移动出行平台,滴滴为约 5.5 亿用户提供出租车、快车、专车、豪华车、顺风车、公交、小巴、代驾、企业级、共享单车、共享电单车、共享汽车、外卖等全面的出行和运输服务,日订单已达 3 000 万起,超过 3 000万车主及司机获得灵活赚取收入的机会。

17.2 滴滴的运营模式

滴滴依靠价值创新下的平台战略实现了成功。该模式以“大数据”和超级出行 APP 的用户为核心资源,关注用户体验,创造并保持公司的行业领导地位。

1. 主营业务

具体分析滴滴目前的业务可以发现,在纵向的出行用车领域,滴滴未来更有可能通过巴士业务获得收益。

① 打车领域。高频、低价服务,几乎没有盈利空间;但打车是滴滴的基础业务,能够满足不同用户的需求,边际成本几乎为零。

② 顺风车领域。滴滴不是以顺风车业务为盈利渠道,而是以低价格杀入,借此试探市场,吸引更多私家车司机加入出行共享经济。

③ 专车领域。滴滴目前拥有绝对的市场份额,中高端商务车的盈利空间更大,但是政策成本高,未来局面不明朗。

④“快车+拼车”业务。针对快车从2015年上半年开始抽佣，抽佣比例在20%左右，2015年滴滴的营业收入（非GMV）在30亿元左右。此外，拼车市场潜力巨大，清华大学发布的《2014年移动出行白皮书》显示，私家车主有强大的意愿选择拼车，也有超过80%的乘客出于降低成本的考虑愿意通过打车软件选择拼车。预计，拼车也将成为滴滴的盈利来源。

⑤ 代驾领域。滴滴有必要和代驾领域的优势品牌e代驾抢夺用户，后者2015年10月与神州专车展开全面战略合作，滴滴在代驾领域可能会继续尝试通过补贴的方式抢夺市场，短期能否盈利还有待观察。

⑥ 巴士领域。从目前来看，这似乎是滴滴未来最可能带来盈利的出行业务之一。首先，巴士领域的发展环境要比出租车市场略好，政策成本更低，传统客车集团可以投资互联网巴士，而出租车领域很难与出租车公司开展合作。其次，滴滴的巴士业务同时涵盖刚需群体和高利润领域——目前滴滴主打的巴士定位于通勤班车和定制化旅游用车。前者属于高频低客单价领域，但用户集中在20—40岁的上班群体，互联网使用习惯培育成本低，上班通勤用车属于刚需；后者的定制化旅游用车属于低频高客单价领域，利润丰厚，未来既可以作为商户流量入口，又可以向旅游预订、规划、体验分享等领域延伸。

⑦ 试驾领域。短期通过与车厂的合作可以获得基于品牌的精准营销收入，但长期更有价值的是通过试驾业务逐渐向汽车市场延伸，比如试驾用户数据累积沉淀之后可以尝试新车业务及车辆保险业务。此外，滴滴试驾还与易车合作，滴滴并不仅想将试驾业务转到卖车业务，还希望通过数据变现。对滴滴来说，最珍贵的就是用户资源，而且是出行领域最垂直的用户，滴滴想做的是把流量入口的功能放大，并以此获得盈利。

⑧ 卖车领域。继2015年10月上线试驾业务之后，12月7日，滴滴宣布于12月12日正式推出卖车业务。但是，这些新兴业务仍处于探索阶段，并不能成为盈利的稳定增长点。这是滴滴电商业务的尝试，能否以此盈利还要看具体的转化率。

⑨ 企业用车。2015 年 7 月，超过 5 000 家企业使用滴滴企业版提供的出行服务。其中，互联网行业的企业最多，占总客户量的 28%；其次是服务业和制造业，各占 21%及 16%。相比于出租车，企业客户更喜欢选择专车，专车订单占企业订单的 48%。员工日常出行、差旅、客户接送都是企业客户用车的目的，不少企业客户甚至将专车接送当作一种增值服务。企业用车已经成为滴滴目前重要的收入来源之一。

⑩ 与流量相关的业务。滴滴商城、滴滴游戏和广告业务主要与流量相关。目前仅广告业务具有变现的能力，是滴滴最重要的盈利模式之一。

由此可见，在滴滴众多的业务中，“快车+拼车”业务、企业用车以及与流量相关的业务和商务广告是滴滴的主要收入来源。滴滴还在努力尝试，寻找新的盈利增长点，积极探索可盈利的空间，并把流量入口的功能放大，以获取尽可能多的收益。

2. 营销手段

滴滴的营销手段非常有特色，最主要的营销方式就是数字营销。滴滴的营销部门总共 100 多人，分为品牌、数字营销、第三方合作、广告销售四个团队。滴滴初期的补贴大战，就是以“烧钱”的方式扩大产品的认知度和影响力，这种做法虽有不足，却是非常有效的营销推广方式。通过补贴大战，滴滴与腾讯联手，培养了用户的移动支付习惯。

滴滴的跨界营销非常高级，不仅通过社交媒体消除了信息不对称，还突破了时间限制，扩大了传播量，并形成了一个以用户为中心的二次传播，用平等的方式拉近了与用户之间的心理距离，取得了用户的信任。跨界营销，实际上是把权利让渡给社交关系，让用户成为营销链的一环、参与其中的营销方式。

滴滴的营销方式也为自己争取了更多的合作伙伴。2015 年 6 月，滴滴与北汽达成战略合作。2015 年 8 月，滴滴宣布与小米合作，小米的产品在滴滴打车 APP 和小米官网同时首发。2016 年 1 月，滴滴与招商银行达成战略合作协议，招商银行将接入滴滴 APP，成为乘客移动支付的方式之一。滴滴的重要合作行动很多，这些只是其中的一部分，滴滴的这些重要的合作伙伴，为滴滴的战略发展提供了支持，也让滴滴打造出更好的出行平台。滴滴与合作伙伴的合作关系正日益成为商业模式的基石。滴滴与合作伙伴展开战略合作，在优化自身的商业模式、降低风险的同时，还可以获取资源。合作关系一般分四种：非竞争者之间的战略联盟；与竞争者之间的战略合作，此前滴滴与快的在没有合并之前也有过战略合作；因开发新业务而建立的合作关系；与供应商形成的战略合作关系。一般来说，优化自身的商业模式是最常见的动机，通过合作，企业能寻求更多的渠道、核心资源及用户关系。

17.3 滴滴为什么需要融资

在 2017 年 12 月最新一轮超过 40 亿美元的融资后，滴滴的估值已达到 560 亿美元。据分析，此轮融资完成后，滴滴的现金储备接近 120 亿美元。看到这些令人炫目的数字，我们不禁要发问：滴滴凭什么能融到资？滴滴为什么不停地融资？融到资后的滴滴将驶向何方？

1. 迅速扩大用户与市场规模

滴滴在 2012 年 9 月上线初期，既没有市场，又没有资金，也不能获得风险投资的青睐，但在成功登陆股权众筹平台“天使汇”并完成募资千万余元后，滴滴利用这笔关键的初始资金迅速完成了早期的布局和扩张，由最初全北京只有 16 位司机在线开始，迅速发展到如今覆盖全国多数城市、总计拥有超过 3 000 万车主、日均接单额超过 3 000 万元。由此可以看出，滴滴合理利用股权众筹，解决了初创型企业的融资困难，使自己度过了创业早期最艰难的时期，并迅速扩大了用户数量和市场规模，取得了市场竞争优势。

2. 拓展业务领域

滴滴已经借助出租车的打车软件，成长为涵盖多项打车业务的一站式出行平台，用户打车不仅可以选择出租车，还有专车、快车、顺风车、代驾及大巴等多项选择。滴滴目前的业务涉及出行、金融和广告业务，而出行依然是关键业务。滴滴与快的合并的时候只有出租车和专车两项业务，仅仅过去半年，顺风车、代驾、巴士及企业用车业务都具有了一定规模，顺风车、代驾在细分领域站稳了领先位置，然而拓展业务领域需要注入新的资本以保证业务创新和基本运营。

3. 布局未来发展战略

滴滴经历多轮融资、合并后，在股权结构已然极端复杂、创始团队存在感极弱的情况下，仍然持续融资。考虑到滴滴的现金储备状况，我们可以推断，滴滴融资的关键还是基于对未来业务发展需要的判断。

滴滴融资的根本原因是：预计未来几年仍然需要大量投入资金，但又对自身的造血能力信心不足。由于滴滴的业务模式与盈利能力的矛盾，采用重资产模式无法支撑企业高估值，采用轻资产模式又无法构建竞争壁垒。滴滴面临四面壁垒：上有神州、首汽等高端平台封顶，下有公共交通和共享单车抄底，前有政策围堵，后有处境相似的美团追打，可谓处境艰难。

滴滴融资真正的目的在于：实现无人驾驶技术的正式商用，以彻底摆脱传统运输行业中驾驶员环节的种种限制。但是，这个阶段至少需要十年左右的时间，在此之前，滴滴的市场地位既不能真正有效地带来盈利，也不能构筑足够高的门槛。因此，滴滴融资的主要用途，就目前来说还是为了长远的布局计划。

17.4 滴滴打车的融资过程

1. A 轮融资

2012 年 12 月，滴滴获得 A 轮金沙江创投 300 万美元的融资。

2. B 轮融资

2013 年 4 月，滴滴完成 B 轮融资，获得腾讯 1 500 万美元投资。

3. C 轮融资

2014 年 1 月，滴滴完成 C 轮 1 亿美元融资：中信产业基金 6 000 万美元、腾讯 3 000 万美元、其他机构 1 000 万美元。

4. D 轮融资

2014 年 12 月,滴滴完成 D 轮 7 亿美元融资,由国际知名投资机构淡马锡、国际投资集团 DST、腾讯主导投资启动亿元专车品牌推广——“今天坐好一点”,“滴滴体”刷爆微信朋友圈,一小时参与用户数达 3 000 万,视频点击数过千万。经过两个多月的公测,“滴米”调度系统正式上线,基于大数据优化出行体验,“双十二”实现 90%的打车成功率。

5. E 轮融资

2015 年 7 月,滴滴宣布完成 E 轮 30 亿美元融资,投资方为中国平安、阿里资本、腾讯、淡马锡、中投等。

6. F 轮融资

2016 年 6 月,滴滴宣布完成 F 轮 45 亿美元的股权融资,新的投资方包括苹果、中国人寿和蚂蚁金服,腾讯、阿里巴巴、招商银行和软银等现有投资人也参与该轮融资。

7. G 轮融资

2017 年 4 月,滴滴宣布完成 G 轮超过 55 亿美元的融资,投资方为软银、交通银行、招商银行等,以支持全球化战略的推进和对前沿技术领域的投资。在此轮融资完成后,滴滴估值超过 500 亿美元。

滴滴的多轮融资过程如表 17-1 所示。

表 17-1 滴滴的融资过程

时间	轮次	机构	融资额
2012 年 12 月	A 轮	金沙江创投	300 万美元
2013 年 4 月	B 轮	腾讯	1 500 万美元
2014 年 1 月	C 轮	中信产业基金	6 000 万美元
		腾讯	3 000 万美元
		其他机构	1 000 万美元

（续表）

时间	轮次	机构	融资额
2014 年 12 月	D 轮	淡马锡、国际投资集团 DST、腾讯	7 亿美元
2015 年 7 月	E 轮	中国平安、阿里资本、腾讯、淡马锡、中投	30 亿美元
2016 年 6 月	F 轮	苹果、中国人寿、蚂蚁金服、招商银行、软银、腾讯、阿里巴巴	45 亿美元
2017 年 4 月	G 轮	软银、交通银行、招商银行	55 亿美元

17.5　滴滴为何能顺利获得融资

1. O2O 应用服务入口

滴滴的主要业务（打车模式）虽然一直处于烧钱状态，但可借此建立一个 O2O 应用服务入口。这个入口的价值是基于庞大的用户规模，向其他服务拓展以寻求盈利模式。投资巨头对这一模式不敢掉以轻心，纷纷向滴滴报以热忱的投资计划。

2. 打车软件市场的价值被充分发掘

以滴滴为代表的打车软件的最大价值在于改变了行业态势。一位资深人士指出，移动互联网在出行行业已成为先锋，大众的衣食住行和其他方面已被互联网深度改造，现今在中国不用电商购物、不用微信交流、不到招聘网站找工作、不上相亲网站的人已经很少，但在滴滴等打车软件出来之前，以互联网方式出行的人并不多。城市居民使用传统打车服务，每天都会花很多钱，体验还很差，这也是打车软件本身的价值所在。更重要的是，打车软件背后是千亿美元规模的移动支付，有利于投资巨头培养用户的移动支付习惯，以便更好地抢夺这一新兴市场。

3. 滴滴在打车软件市场的领先地位已经确立

滴滴受追捧的背后是其市场地位。经过激烈的市场竞争和几轮融资，滴滴在打车软件市场的领先地位已经确立，占据国内打车软件第一的位置。

投资巨头纷纷看好这个独大的公司，愿意与其合作，投入资本以期获得更大的收益。

4. 滴滴需要量级融资以清洗对手

2014年下半年以来，打车行业掀起“烧钱”浪潮，滴滴和快的疯狂补贴用户，每个月的支出均超过千万元，这是行业竞争白热化的阶段，也是滴滴一年三次融资的根本原因。打车行业“烧钱”一幕也曾经在电商、团购行业上演，这些行业在竞争最激烈的时候，都发生过大规模的补贴、打折和促销行为。这是一个“剩者为王”的时代，“烧钱”是打车软件市场培育期必须要做的事，主要玩家通过大规模的“烧钱”将尽可能多的对手清洗出去。

17.6 巨额融资后面临的问题

1. 巨额的补贴能否换来客户忠诚度

面对两年烧掉几十亿元的现状，在获得融资后，打车软件企业针对改善用户出行，继续“烧钱”的活动，并加大技术研发能力以延续打车软件的生命力，让更多的用户了解打车软件的价值。然而，大幅度的补贴能否换来用户对品牌和服务的忠诚度？当补贴完全停止之后，又有多少用户愿意继续通过软件使用打车或专车服务？

2. 还要“烧”多少钱

与打车这一需求成熟、用户教育成本较低廉和总量庞大的市场相比，对于模式尚未明确、用户需求和习惯不明的新市场，还要“烧”多少钱？可以预料，培育市场所需耗费的投入，会比打倒对手更巨大。

3. 政策风险

政策风险和安全风险是绕不过去的问题，打车和专车服务都曾遭遇政策问题，而专车服务在全国诸多城市爆出的“黑车”事件，或许也是“滴滴们”开拓新市场的原因。

4. 缺乏监管

新业务除了给用户出行提供更便利、更个性化的服务，另一大特点就是“物品移动”。国内已有的利用私人车主递送快件的APP服务，已经面对缺乏监管和资质的安全性质疑，而在零售领域，所牵涉的监管、政策和资质更为复杂与全面。

5. “价格战”的做法并非长久之计

补贴用户和司机，用“价格战”压倒对方的做法并非长久之计。因为当停止补贴后，用户数据下滑是不争的事实。另外，没有好的盈利模式，一切都将成为空谈，区区几千万元的广告盈利与两年烧掉的几十亿元相比只是杯水车薪。同时，这种做法最大的弊端如同人为制造的泡沫，很难达到预想的培养用户习惯和黏性的目的。

17.7 滴滴融资带来的启示

1. 滴滴是顺应时代发展的产物，改造了传统的行业流程

在出租车数量和民众打车需求都难以改变的情况下，打车软件这种全新的车辆调度模式，基于提高乘客用车需求与出租车供给之间的信息匹配程度获得发展空间，在有限的条件下利用被虚耗的出租车运力，提高了打车效率。而且，打车软件与传统的召车平台相比匹配效率更高，使用更方便，提高了供需之间的信息容量和契合度，降低了出租车空驶率，减少了司机漫无目的地“扫街”、交接班空程驾驶等资源浪费，实现了有限资源的使用效率最大化。人性化的设计，使得使用者可以轻松上手。互联网正在高速发展，而滴滴充分利用了互联网技术的优势，发展前景为人所看好。

2. 广告营销模式，虽“烧钱”但有效

其一，这种采用直接给予用户经济补偿的推动效果远大于媒体宣传，出租车司机为了尽快获得经济补偿，学习和使用打车软件的热情高涨，在短时间内就会自发地安装软件，学会使用方法并积极向乘客推荐；而乘客由于能

获得补偿，也会主动向没有使用打车软件的出租车司机宣传和推广。这样的互动不仅宣传了品牌，还省去了为司机安装和使用软件的培训费用。

其二，补贴用户的市场政策既让用户得到实惠，也吸引了大量眼球。用户通过自媒体的大量转发和口碑相传，形成滚雪球效应；滴滴和快的两大软件的"烧钱大战"，媒体不请自来，争相报道相关事件，自然而然形成了热播效应。在活动推广期间，"打车"不断成为餐桌和网络上的热门话题，这无疑已成为中国移动互联网界一次成功的营销，引领一场消费方式变革的运动。

3. 从线上到线下，与周边相关产业合作

滴滴与北京出租车调度中心 96106 合作，为非智能手机司机提供打车订单；与高德地图合作，用户可在高德地图内直接下单打车；还先后与百度地图、去哪儿网、微信等合作，直接共享它们上亿规模的用户资源，获得更多的资金和用户。

4. 打车软件设计精良，既便利了客户，也吸引了客户

打车软件不需要烦琐的输入，支持语音快速发单，能够 GPS 自动定位，显示附近出租车情况，智能推荐目的地。打车软件提供语音、图片、文字等多种沟通方法，使司机和乘客轻松对接，沟通更加顺畅，还能查看双方位置和预计到达时间，减轻等车的焦虑感。

5. 司机和乘客信用双向评价系统完善

滴滴和快的都内置了评价系统，乘客可以针对诚实守信、态度、车体卫生等对司机进行评价；司机可以针对乘客跑单等行为进行投诉，被投诉三次之后，乘客电话便会被自动加入黑名单，禁止使用滴滴打车软件。诚信记录一目了然，乘车之后双方互评，完善的信用评价体系，使乘客通过打车软件安排出行更放心。

6. 虽然过程艰难但要一直坚持

当滴滴被深圳运管局叫停的时候，与滴滴的竞争者（摇摇打车）的选择截然不同，滴滴选择积极沟通。在与摇摇打车过招时，滴滴选择攻占北京西

站客流量多的地方并最终取得成功，而摇摇打车已经基本退出打车软件的竞争。

17.8　滴滴未来发展前景

1. 加大大数据的应用

首先，作为一款高频词应用软件，合并之后的滴滴会更多地使用大数据实现更广阔的O2O商业想象空间；其次，作为虚拟的车辆调度平台，汽车保险、整车销售、融资租赁等车辆服务都可以基于这个平台展开。也就是说，滴滴未来将会加大力度打通“出行+车辆”两条纵深产业链。

2. 以多元化经营战略为核心，以增长型战略为辅助

（1）构建立体智能化交通出行生态体系

在移动互联网时代深入发展的宏观环境下，对传统行业的互联网改造是一个必然趋势。对于拥有大数据等互联网新技术和强大资本支持两大主要核心竞争力的滴滴而言，完全有机会先走一步，走在竞争对手之前，进一步探索交通行业的互联网改造。滴滴的远景是构建立体智能化交通出行生态体系，但滴滴现在耗费太多精力于营销补贴。出租车是本地移动出行的一个入口，但是移动入口平台还远不止这些。滴滴要做的是进一步谋划未来出行生态链，除了出租车，它的触角还可以延伸到旅行、高铁甚至航班。

（2）打造综合性的O2O服务平台

移动出行的多元化经营契机主要有两个方面：一方面是与交通工具相关的行业，如二手车交易平台；另一方面是与“行”交叉的“吃”“住”“玩”等方面的市场。出行只是消费的第一环，人们出行就会伴随着其他消费，而“行”接下来的消费与客户出行的目的地和时间具有较大的相关性，滴滴可以利用技术手段收集大数据，针对地域与其他领域的商家开展合作，比如酒店预订、凭滴滴打车凭证获得商家促销优惠等。

（3）转移战略重心

移动出行工具不仅包括出租车，还包括专车、顺风车等城市交通细分市场，甚至还包括公交车、大巴、游艇等。在这些市场尚未被人发现时，滴滴可以充分利用自己手中大量的资源，迅速出手，下力气占领，成为这些市场的掌控者和标准的制定者，提升行业准入门槛，使得公司经营重心不再是单一的出租车业务，而是尽可能地覆盖整个出行领域。

3. 以低成本为核心巩固既有业务，不断提升技术能力

（1）削减营销费用，注重培养核心竞争力

目前，在既有业务板块（包括专车、顺风车等），滴滴已经拥有巨量的客户，再加上既有业务板块与其他强劲竞争者已经进入持续竞争阶段，在此时继续投入大量的营销费用的边际成本是很低的。在今后的运营过程中，滴滴应该将重心放在培养核心竞争力上，才能使自己在这场持久战中赢得最终的胜利。核心竞争力是企业通过长期经营逐渐形成的，对于互联网企业来讲，技术能力无疑是一项非常重要的核心竞争力。

（2）针对出租车预约业务，采取防御型战略

出租车预约是滴滴既有业务中的核心业务，但是随着补贴的消失，出租车订单量正在以每月3%的速度流失，主要原因是补贴方的还价能力低。作为滴滴的独特业务，出租车预约已经形成一定的规模，退出壁垒也较高，虽然不能靠之盈利，但是滴滴的巨量客户与声誉还得靠之继续维系。然而，由于前期投入太大、扩张速度迅猛，要使此板块软着陆，绝非易事。

4. 积极与政府合作

滴滴的各项业务基本处于政策法规的空白领域，缺乏政府监督，而且滴滴在运营过程中经常会受到相关政府部门的警告与处罚。政策的偏向，对滴滴未来发展的影响极大，滴滴亟须推进与政府合作这一事项。

中国政府，尤其是交通运输管理部门，对市场的态度倾向于管制。滴滴作为网络打车市场的主力，既是市场的受益者，又是市场政策落后的受害者，近年滴滴专车多次出现被冠以非法营运的事件就是对公司敲响的警钟。

打车软件是市场化与社会进步的一种体现，是互联网时代人类日常生活方式与观念的转变，目前来看它虽然存在一些问题，却是不可阻挡的趋势。新事物的出现必然打破市场现有的利益格局，打车软件如果直接从各个地方市场入手，实现突破就要付出非常大的努力，而且结果不一定尽如人意，处理不好还有可能会被赶出当地市场。最优的解决办法就是从上层入手，提升对相关政策制定的影响力。

目前，中国政府正在改革的进程中，呈现出减负放权的趋势，电信行业已经引入私营企业运营，公共事业、资源等项目也引入 PPP 模式开发，在此背景下，滴滴也可以积极寻求与政府开展合作。努力推动相关部门针对打车软件建立专门的监管平台，只在安全方面进行审核、制定规范，这样既发挥了政府监督的职能，也不干预市场化的发展，又能实现政府、企业、用户的多方共赢。

请思考

1. 滴滴在融资过程中会从哪些方面展示品牌的核心竞争力和未来发展战略？

2. 滴滴融资模式对“补贴战”的作用和影响是什么？如何看待这种“烧钱”式的补贴行为？

3. 滴滴融资对象的行业跨度很大，如何看待不同投资人对滴滴投资价值的评价？

参考文献

[1] 刘啸. 滴滴打车公司发展战略研究[D].广东财经大学，2016.

[2] 孟立昕. “让出行更美好”——滴滴出行的商业模式分析[D].北京理工大学，2016.

[3] 王晓雪.共享经济背景下商业模式的变革与创新——基于三大典型案例的启示[J].商业经济研究，2018(03)：30—32.

18 新三板公司再融资

摘要

新三板公司在新三板市场进行再融资是其快速扩张、持续发展的重要动力源之一。本案例研究的再融资是指公司挂牌新三板后,引入定向增发、股权质押融资、重组融资、银行信贷等方式提高挂牌公司的融资能力。新三板公司的再融资一般有两种选择:一是向商业银行、政策性银行等金融机构借款进行债权融资,二是配股或增发进行股权融资。

18.1　A 公司概况

A 公司是一家民营企业，根据国家工信部 2011 年制定的《中小企业划型标准规定》，A 公司被界定为软件和信息技术服务业。截至 2016 年 6 月 30 日，A 公司共有员工 74 人，2016 年营业收入为 7 068.04 万元，资产总额为 11 389.18 万元。对比同为服务业的租赁和商务服务业标准，可判定 A 公司依据规定属于其他未列明行业“中小微型企业”范畴。

A 公司正式成立于 2012 年 6 月 1 日，主要经营业务为互联网，并为用户提供安全、可靠、方便的互联网接入口应用软件下载和其他互联网信息服务，主打为互联网用户提供高品质的互联网信息化服务，同时将搜索引擎、软件等互联网产品和其他网站推广给用户并为其创造价值从而获取收益。A 公司的主要产品包括搜索引擎、互联网推广与营销、软件，凭借敏锐的市场眼光和出色的研发科技创新成果，于 2015 年 6 月在科技新三板成功挂牌。

A 公司在互联网信息服务及软件开发领域独树一帜，成为国内发展最为快速的互联网企业之一，与百度、腾讯、阿里巴巴、360、金山等知名互联网企业有着长期、稳定的业务合作。

A 公司拥有深厚的无线、Web、Linux 操作系统研发及定制研发团队、敏锐高效的市场团队、资深编辑团队和营运团队等，自成立以来获得 27 项商标和 20 多项软件著作权，于 2014 年顺利通过高新企业认定及“双软”企业认定，并于 2015 年 10 月通过东莞后备上市企业认定。

18.2　A 公司再融资模式选择

新三板公司在新三板市场进行再融资是其快速扩张、持续发展的重要动力源之一。新三板公司再融资是指公司挂牌新三板，在中小企业股份转让系统公开发行股票后，成功引起社会大众的关注，再通过各种渠道获取资金的一种平台，具体可包括定向增发、股权质押融资、重组融资和银行信贷等。本案例研究的再融资是指公司挂牌新三板后，引入定向增发、股权质押融资、重组融资、银行信贷等方式提高挂牌公司的融资能力。新三板公司的再融资一般有两种选择：一是向商业银行、政策性银行等金融机构借款进行债权融资，二是配股或增发进行股权融资。

A 公司自 2012 年 6 月 1 日成立以来，不断突破和进取，秉承务实、低调、奋进的工作态度，攻克了一个又一个技术难关，以每年超过 100% 的业绩增长率，创造了一个又一个业绩高峰。在 A 公司成立三周年这一天，也就是 2015 年 6 月 1 日，成为东莞首家在新三板上市的互联网公司。短短的三年时间，A 公司以惊人的发展速度，并凭借良好的发展势头成为中小型新三板企业的典型代表。

A 公司自 2015 年 6 月成功挂牌以来，进行了三次定向增资。第一次定向增资董事会公告日是 2015 年 7 月 21 日，股东大会公告日是 2015 年 8 月 6 日，新股上市公告日是 2015 年 10 月 20 日，发行新股日是 2015 年 10 月 23 日，第一次定向增资发行 182 万股，发行价格是 21 元/股，实际融资 3 822 万元。

第二次定向增资董事会公告日是 2015 年 10 月 23 日，股东大会公告日是 2015 年 11 月 9 日，新股上市公告日是 2015 年 12 月 16 日，发行新股日是 2015 年 12 月 21 日，第二次定向增资发行 20 万股，发行价格是 22 元/股，实际融资 440 万元。

第三次定向增资董事会公告日是 2016 年 5 月 26 日，股东大会公告日是 2016 年 6 月 13 日，新股上市公告日是 2016 年 8 月 24 日，发行新股日是 2016 年 8 月 29 日，第三次定向增资发行 330 万股，发行价格是 5.61 元/股，实际融资1 851.30万元。

2016 年 10 月 12 日，A 公司向广发银行东莞松山湖支行申请额度不超过 6 500 万元的综合授信贷款，期限为一年。公司董事长罗某、黄某为上述贷款提供连带保证责任担保。

2016年12月7日,A公司向招商银行东莞松山湖支行申请额度不超过1 000万元的综合授信贷款,期限为一年。公司发起人罗某、张某、钟某、罗女士以及A公司投资合伙企业为上述贷款提供连带保证责任担保。

2016年3月,公司进行第一次分红,共计分红212.20万元,其余的留存收益700万元作为公司内部资源融资。

A公司在成立短短一年半内共计进行了三次定向增资和两次银行综合授信贷款,加上公司相关留存收益(未含2016年实现收益),融资金额总计达到14 313.30万元。

18.3 A公司再融资财务效应分析

根据A公司财务报表和A公司公开信息,A公司2016年上半年实现营业收入7 068.04万元,同比增长30.41%;净利润1 427.78万元,同比增长100.44%。在收入结构方面,网站推广与营销业务实现收入4 990.53万元,同比增长23.78%;软件推广业务实现收入1 714.90万元,同比增长32.34%;搜索业务实现收入326.87万元。在收入来源方面,报告期内PC(个人计算机)端贡献收入6 358.37万元,移动端贡献收入673.93万元,移动端商业化开始逐步加速。在利润率方面,公司业务净利率为20.20%,较2015年同期的13.14%增长7.06个百分点,主要包括具有较高毛利率的移动端业务收入增长,以及周期内相关费用支出较上年同期基本持平。2016年上半年公司经营活动净现金流量为0.33亿元,较上年同期由负转正,主要是公司市场竞争力持续提升,应收账款收款加速所致。

从PC端看,业务整体保持快速增长。报告期内A公司PC端业务收入同比增长30.4%,持续保持快速增长。互联网规模效应显现以及A公司用户流量变现效率的改善,共同推动业务毛利率明显改善,由2015年上半年的24.7%提升至当前的28.4%。在产品方面,在国内PC互联网市场用户流量整体稳定的情况下,A公司继续加大抢占市场相对份额,核心产品网址导航、软件下载站、广告联盟平台用户流量继续保持平稳增长，整体较上年同期增长约20%，同时报告期内公司发布了面向Win8/10的PC本地文件搜索工具“讯搜”，持续捕捉细分领域的市场机会。

从移动端来看，产品布局进一步完善，开启了商业化变现。A公司坚持“以工具为入口，以内容为沉淀，以产品为矩阵”的基本经营理念，2016年上半年陆续上线“瓦力WiFi管家”“魅比”“觅见”等系列应用工具，合计下载量超过500万，核心产品“瓦力抢红包”在国内同类产品中继续保持龙头地位，累计下载量超过2 000万。

在报告期内，A公司开始尝试移动端产品的商业变现，2016年上半年移动端业务实现收入673.93万元，同时先后接入讯飞、360、猎豹等国内主要互联网企业的移动广告平台，进一步降低对单一厂商的依赖度。

从商业化来看，变现效率持续改善。2016年上半年公司净利润同比增长100.44%，显著高于同期营业收入增速，显示商业变现能力进一步改善。2016年6月，A公司以发行股票的方式收购深圳爱站科技51%的股权，交易总价为1 851.3万元。爱站科技主要从事搜索引擎优化、数据分析等业务，该笔收购有望显著增强A公司在流量分拣、广告投放等方面的程序化分析能力，有效弥补A公司在流量商业化变现方面的业务短板，提升整体商业变现能力。

从风险因素来看，行业竞争持续加剧风险，新产品表现不及预期。A公司PC端产品用户流量稳步增长，移动端产品布局持续完善，核心产品“瓦力抢红包”累计下载量超过2 000万，收购爱站科技有效弥补公司在流量变现方面的短板，长期成长性突出。

18.4 A公司新三板融资效应定性分析

A公司是一家专注于互联网应用和技术开发的高新科技企业，属于互联网信息服务业。公司的主营业务定位于为用户提供方便快捷的互联网入口、应用软件下载、移动端产品开发和其他互联网信息服务,从而聚集用户获得流量。用户和流量是互联网企业生存发展的基础,瓦力科技是目前国内为数不多的具备开发 Linux 操作系统发行版能力的互联网企业,拥有具备超强技术开发能力的技术团队,已开发大量的网站和 PC 端工具类产品并获得市场的高度认可,占据很大的市场份额。A 公司通过这些网站和 PC 端产品汇聚流量。在获得流量以后,通过智能化监测系统和精准的数据分析,收集用户信息,进行行为筛选(判断年龄层、职业、生活习惯、爱好),做智能化推送和技术导流,将流量引导至相关联的电商、游戏、广告商等有需求的商户那里,然后和商家按消费或流量分成,从而完成流量变现的过程。A 公司筛选出变现能力强的流量,后续会加大这块流量入口产品的研发,成为 PC 端和移动端主要的入口工具,提高这类流量的增长率,在提升客户价值的同时扩大公司市场份额,提升公司的利润空间。

在报告期内,首先,A 公司通过加强 PC 端自有产品用户资源挖掘以及与第三方网站和伙伴方的合作,加大市场份额以获取利润增长空间;其次,A 公司继续深度开发联盟平台,通过客户端大数据挖掘用户、深度研究用户和了解分析用户,提升到达率和用户回访率,从而进一步提高单用户的变现能力;最后,A 公司布局手机、智能终端设备等移动端入口,寻求更多新的增长点。

A 公司挂牌新三板后融资效应的定性分析如下:

1. A 公司融资渠道拓宽

A 公司挂牌新三板最大的好处就是可以进行公开融资,并且受到投资商、券商等多类金融机构的关注。A 公司通过定向增发来筹集资金,并且新三板定向发行具有门槛低、效率高的优势。在债权投资方面,新三板要求挂牌公司进行信息披露,使得优质 A 公司能够被市场发现,信用等级获得提升,银行授信额度增加,所以 A 公司获得信贷的能力有所提高。

2. A 公司融资成本降低

挂牌后的 A 公司有了新三板这个全新的融资平台。从挂牌后的融资历程来看,A公司共计选择了3次定向增资和2次银行信贷,上市短短一年半时间,A公司成功完成5次融资,算是非常不错的成绩。挂牌后,A公司融资效率明显提高,节约了时间成本,提高了机会成本,债权融资在一定程度上优化了公司的资本结构,提高了股权价值,避免了经营者的道德风险。

3. A公司内部管理规范

未挂牌前,A公司内部存在很多明显的职权不明、管理粗糙、执行不力等弊病。当A公司着手挂牌时,律师事务所、券商、会计师事务所等监督机构得以进入,对公司从上到下、从里到外进行了全面的梳理和规范,在各方监督机构的监管下,A公司的企业制度得到规范,符合新三板挂牌要求。

4. A公司企业形象提升

未挂牌前,A公司没有特别合适的渠道去宣传,也没有花费较多的宣传费用进行推广,直至挂牌新三板后,公司进行了信息披露,在新三板市场的公开平台受到传媒机构、券商、投资人的关注,从而使公司的品牌形象提高了一个等级。公司借新三板市场公开平台披露相关财务信息,并且结合公司公开网站披露信息,吸引了投资人和银行的关注。

18.5 A公司新三板融资效应定量分析

A公司自2015年6月起至2016年年末,一年半内共计进行了三次定向增资和两次银行综合授信贷款,加上公司相关留存收益,总计融资金额达15 613.3万元。目前,A公司以定向增资、银行信贷、内部留存收益作为融资来源。

从主营业务来看,2016年上半年,公司实现主营业务收入7 068.04万元,较上年同期的5 419.79万元增加1 648.25万元,增幅达30.41%。本报告期公司实现净利润1 427.78万元,较上年同期的712.33万元大幅增加715.45万元。

从资产负债情况来看，本报告期期末公司总资产 11 389.18 万元，比期初增加 1 988.55 万元，增长 21.1%。总资产增加的主要原因是报告期内公司销售业绩的增长以及获得新的银行贷款。报告期期末公司总负债 2 014.15 万元，比期初增加 772.99 万元，增长 62.28%。总负债增加的主要原因如下：①向招商银行贷款增加银行借款 593.25 万元；②销售业绩的增长导致应付供应商结算款增加 242.33 万元，期末应付账款相比期初增加 25 070 元；③因企业所得税免税期已满，现享受企业所得税减半征收优惠政策，企业所得税相比上年同期增加，导致应交税费相比期初提高 89.08%。上述因素导致本报告期期末公司总资产负债率由期初的 13.2%增至 17.68%。

从现金流量来看，本报告期公司经营活动产生的现金净流量为 3 291.36 万元，主要是报告期内营业收入增加且收款及时，应收账款收款加速，期末余额相比期初下降 50%，同时报告期内付款期延长且预付款减少。本报告期公司投资活动产生的现金净流量为 446.47 万元，主要是报告期内收回上年购买的保本理财产品，增加固定资产投入。报告期公司筹资活动产生的现金净流量为 346.61 万元，主要是报告期内增加银行借款。综上，报告期内 A 公司现金及现金等价物净增加 4 084.44 万元。

在报告期内，A 公司经营正常运转，主营业务、主要服务、商业模式未发生重大变化，核心技术团队稳定，公司所处行业未发生重大变化，行业季节性和周期性不明显。

18.6 A 公司再融资面临的风险与价值分析

1. 实际控制人不当控制的风险

截至报告期期末，A 公司实际控制人罗某直接持有 55.77%的股份，通过爱瓦力投资间接持有 0.37%的股份，担任公司董事长兼总经理，行使作为股东、董事、经理的权利。因此，罗某能够对公司的战略决策、人事任免、经营管理产生重大影响。若罗某利用其实际控制权对公司的经营决策、人事、财务等实行不当控制，则可能损害公司或少数权益股东的利益。

2. 人员缺失风险

A 公司是研发型企业，产品研发和技术创新依赖核心技术人员，同时公司正处于高速发展期，对具备丰富经验和技能的高端人才的需求增大，如果公司关键管理人才、核心技术人才出现流失或不能及时招聘到位，不仅会影响公司研发成果的实现，还会影响公司的持续竞争优势和未来发展前景。

3. 市场竞争风险

A 公司属于互联网信息服务行业，该行业的属性就是发展快、竞争激烈，企业稍不留神就有可能被其他企业替代。A 公司必须不断更新自己的技术服务体系，提高服务质量，才能在该行业占有一席之地。随着中国互联网行业的迅猛发展，众多知名企业纷纷加大科研力度，展开争夺市场份额的激烈竞争。随着竞争对手的不断加入，A 公司将面临一定的市场竞争风险。

4. 技术创新风险

众所周知，互联网行业的发展速度不是一般行业能比拟的，如此高的发展速度依赖于技术的不断创新，A 公司必须时刻保持清醒，拥有属于自己的技术服务体系，不断创新技术手段，不断升级、更新现有的技术，研发早于市场的新产品，只有这样才能在互联网行业立于不败之地。

5. 税收优惠变动风险

A 公司必须时刻关注国家税收政策的发布，时刻保持自己能享受免税、减税政策，每年在税收方面就会节约一大笔费用。合理避税是每个企业财务人员应当替经营者考虑的问题，根据国家的相关政策，正确处理企业拥有的知识产权资质和免税资质，以便合理利用税收优惠政策。

6. 外部风险与价值分析

根据 A 公司的融资结构分析，超过 50%的资金来自银行短期信贷，这样企业就会面临高成本的信贷利息风险。如今，新三板企业的规模不断扩大、创新能力不断增强，而新三板企业的融资瓶颈却与其较快的发展速度不匹配。中国企业由于受自身因素的影响,其资金更多地依靠外部融资。A公司50%以上的资金来自银行贷款,5%来自内部留存收益,42%来自股权融资,由此可见A公司外部融资方式比较单一。中国多层次资本市场发展的不成熟是A公司外部融资渠道相对单一的主要原因。一旦银行贷款出现问题,就可能导致A公司再融资遇到困难。

针对A公司过往资金来源的调查显示,A公司并没有得到多少政府的扶持资金,税收政策、专项资金方面也没有明显的体现。因此,A公司如果希望得到国家政策的扶持,就必须明确研发方向,向国家鼓励和引导的方向靠拢,积极开创研发工作,并且保护自己拥有的知识产权。

请思考

1. 企业再融资模式选择的影响因素有哪些?
2. 再融资的财务效应和融资效应如何?
3. 企业如何控制再融资所面临的风险?

参考文献

[1] 李兴然.融资客偏爱预增股[J].股市动态分析,2017(27):28.

[2] 毛昊,陈大鹏.知识产权服务购买符合支撑企业创新的理性行为决策吗[J].财贸经济,2015(02):109—124.

[3] 万良勇,廖明情,胡璟.产融结合与企业融资约束——基于上市公司参股银行的实证研究[J].南开管理评论,2015,18(02):64—72,91.

19　互联网公司 VIE 架构下的融资模式

摘要

“互联网+”概念渗透进各个产业，进一步促进了中国制造2025的实施和网络强国的建设。在此背景下，互联网企业的发展更是迅猛，上市几乎是所有迅速发展的中小互联网企业追求的目标。虽然证监会一直坚持完善创业板制度，近年来创业板IPO数量也迅速增加，中国鼓励支持尚未达到盈利目标的互联网高新技术公司先在新三板挂牌，一年后根据公司运营状况可以到创业板公开上市，但是中国资本市场的上市门槛对于很多中小型企业来说还是可望而不可即。在境内上市门槛高、融资环境困窘的大背景下，中国互联网企业开始瞄准海外资本市场。出于主权意识，中国政府管制、禁止与限制境外投资者投资中国本土电信、媒体和科技产业，但这些领域的企业在境内发展遇到瓶颈时，仍急需境外的资本、技术和管理经验，于是创业者、专业服务人员和风险投资者共同创设了一种新的企业结构以规避政府管制，即VIE架构。这是指在海外注册的上市实体与国内运营实体相分离，最终在境外上市的运作结构。相比于在境外资本市场直接公开发行股票上市的高财务门槛，VIE架构避免了产业投资的限制，降低了海外融资的难度。

2000年,新浪公司第一次以VIE架构赴美上市,开启了新模式的先河,取得了巨大的成功,成为里程碑式的事件。此后,这一模式被众多互联网企业效仿,对很多受限制或被禁止外资投资行业的发展起到了推动作用,也为在国内遇到上市障碍和融资困难的公司开创了一个绝佳的新途径。此后,VIE架构的应用演变出不同的形式。限制外商投资的互联网产业在VIE架构下实现私募股权融资、获得风险投资以及境外公开上市,也点燃了创业者进入互联网领域的热情,由此推动了整个行业的蓬勃发展。

本案例以北京地区互联网A公司进行VIE架构下的融资进程和融资模式为对象,分析具体运作模式、资本结构和融资过程,探究VIE架构的运作模式,分析企业在此类融资过程中面临的风险,并提出应对策略。

19.1 A公司融资背景

A公司成立于2011年,专注于互联网的测试服务,在北京、上海、广州、深圳、成都、杭州、香港和美国硅谷设有服务机构,曾获得红鲱鱼2014年"亚洲100强"和2015年"全球100强",德勤2015年"中国高科技高成长50强",清科2014年及2015年"中国最具投资价值企业50强"等称号,从这些排名和奖项可以看出这是一家极具成长性的互联网企业。

A公司的股权结构和融资方式采用互联网企业常用的VIE模式,即通过在境外注册离岸公司,再在境内设立外商全资控股公司以控制境内内资公司的经营管理,并获得营业利润。VIE架构帮助A公司在创业初期就引入IDG(美国国际数据集团)资本,在之后的发展中又得到高榕资本、海银资本等美元基金的支持。正是VIE架构的搭建,才使得A公司避开了中国政府禁止外商投资互联网行业的限制,获得了充足的资金来支持人才培养、产品研发、系统更新及管理创新,为A公司之后的迅速发展做好了铺垫。

19.2 A 公司 VIE 架构

1. 基本架构

A 公司的 VIE 架构如图 19-1 所示。

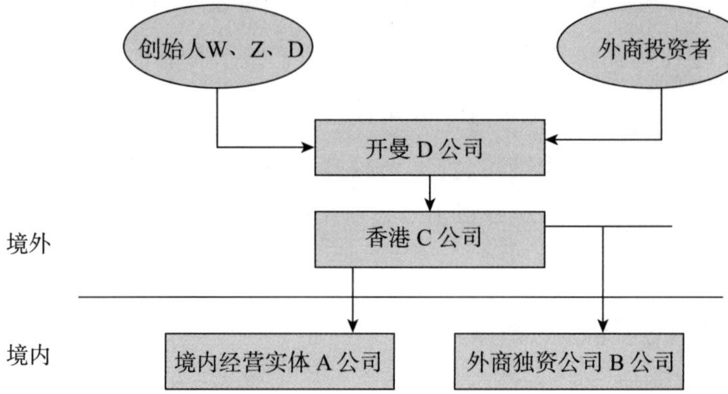

图 19-1 A 公司 VIE 架构

2. 实施方式

2007 年,由 W、Z、D 三人各自出资共计 1 000 万元人民币注册成立中资公司(A 公司)作为 VIE 架构中的经营实体,公司法人代表为 W。公司经营范围包括研发、网络技术开发、计算机软硬件设计、通信技术及产品等。根据国内的政策,高科技互联网行业是禁止外资进入的,如果 A 公司到美国上市,那么引进外资投资显然是违背中国法律的。对此,A 公司采取了“协议控制”的模式,具体做法如下:

公司的创始人是 W、Z、D 三人,在互联网行业有多年的工作和管理经验。2010 年,三人与相关的管理团队在开曼群岛设立了一家离岸公司(D 公司)作为上市主体。因为 A 公司需引入外资并实现海外上市,通过在开曼群岛注册境外公司,对境内公司进行 100%股权收购,然后将在开曼群岛注册的公司在中国香港股市或美国股市上市以完成境内公司的海外融资,避开境内复杂的上市审批程序,这样成本较低、耗费时间较短、程序透明。为了在开曼群岛注册的上市公司和境内独资企业之间起一个缓冲作用，加设了香港离岸公司（C 公司），防止实际运营公司的业务变化对上市公司的稳定性造成冲击。如果未来上市主体公司（D 公司）有了新的业务需求，也可以直接下设新的离岸公司，从事不同业务的公司之间彼此独立，不会因负债或其他问题而相互拖累。之后，C 公司再设立一家全资子公司（B 公司）作为境内控股公司，也就是外商投资公司。B 公司作为跨境控股的外商独资企业，于 2011 年在北京市工商行政管理局登记成立，注册资本 1 880 万美元，法定代表人是 Z，Z 还是 IDG 资本有限公司的董事。在之后几年的时间里，公司业务快速发展，与全球众多知名企业建立了良好的合作关系，并且获得了全球著名风险投资机构近亿美元的资金支持，所有的融资都进入 B 公司，由 B 公司完成结汇等相关程序。最关键的一步就是由 B 公司与国内运营业务实体（A 公司）签订 VIE 协议，保证 A 公司的利益可以全部转移到国外上市实体，同时符合美国证券交易委员会的规定。

3. 商业协议

境内经营实体（A 公司）、外商独资公司（B 公司）、香港离岸公司（C 公司）及开曼群岛上市主体（D 公司）之间共签订四份商业技术协议。

（1）独家技术咨询和服务协议

协议签订方：外商独资公司（B 公司）、经营实体（A 公司）。

协议内容：协议规定 B 公司向 A 公司提供管理及市场推广咨询、财务咨询、企业管理及咨询、员工培训等。而 A 公司向 B 公司支付的顾问费和服务费应为等同于年度净利润。

协议目的：把境内运营公司的主要营业利润以签订 VIE 协议的方式转给境内的外商独资公司，最终流向境外上市实体。

（2）购股权协议

协议签订方：经营实体（A 公司）、香港离岸公司（C 公司）。

协议内容：协议规定 C 公司拥有对 A 公司的独家收购权，在相关法律允许的情况下，C 公司可以随时以法律许可的最低价格收购 A 公司的股权，以此保证权益的最大化。

协议目的:确保一旦境内法律法规允许外资进入互联网行业,A 公司的权益将被强制纳入上市公司体系。在法律法规许可的条件下,或者运营公司、境内名义股东违反前述协议的情况下,外商独资公司可行使购股权,由自己或自己指定的人士持有运营公司的股权。

(3) 业务经营协议

协议签订方:外商独资公司(B 公司)、经营实体(A 公司)。

协议内容:B 公司全权代为行使 A 公司的股东权利,A 公司未经 B 公司事先书面同意,不得进行任何重大业务交易,A 公司的董事及主要管理层人员由 B 公司提名。

协议目的:B 公司可以获得 A 公司董事会的决策权和业务控制权。

(4) 代授权委托协议

协议签订方:外商独资公司(B 公司)、经营实体(A 公司)。

协议内容:B 公司授权创始人 Z 行使股东权利,Z 必须以 B 公司最优利益行事,并且承诺若取得 A 公司的股息、资本利得,则应在三天内出让给 B 公司。

协议目的:防止 Z 私下向自己进行利益输送。实际上,A 公司的管理权和股东大会的决策权由 B 公司掌握,把境内运营公司的股东表决权授予 B 公司指定的特定人士。

离岸公司控股的 B 公司与境内的经营实体(A 公司)及其股东签订系列协议,使得外商独资公司(B 公司)以协议的方式完全控制境内的经营实体,从而获得境内经营实体的所有收益。这样,表面上,境内经营实体的股权并没有被纳入上市公司体系,但其现金流、收益却被完全纳入上市公司体系。A 公司采取 VIE 架构主要是因为中国互联网公司大多接受了境外融资,从而不能持有一些特定的牌照,中国相关部门则明确规定了电信与信息服务业务经营许可证仅内资公司才能拥有。

19.3 A 公司融资历程

1. 资金来源

A 公司的股权结构和融资方式采用了 VIE 架构,VIE 架构帮助 A 公司在创业初期就引入了 IDG 资本、高榕资本、海银资本等美元基金的支持,使得 A 公司能绕过政府对外商投资的限制,在成立发展初期就获得了充足的资金支持产品的研发、系统的更新及管理的创新,为公司之后的迅速发展做好了铺垫。

(1) IDG 资本

IDG 资本成立于 1964 年,总部位于美国,曾投资百度、腾讯、携程等中国公司,并自 1992 年开始在中国进行风险投资,是最早进入中国的外资投资基金,专注投资于技术型企业、以技术和创新为驱动力的企业。自 1992 年以来,作为最早进入中国市场的国际投资机构之一,IDG 资本的投资规模从上百万美元到上亿美元不等。截至 2016 年年底,IDG 资本已在中国扶植超过 500 家中小型高新企业,其中超过 120 家企业在中国及海外市场上市或实现并购,被投资企业市值总额超过 25 000 亿元。A 公司创始人自身是通过转卖另一家公司而获得的资金,跳过了风险投资融资阶段。而在 A 公司正式开展业务后,IDG 资本就投入 1 000 万美元,之后的 B 轮、C 轮融资又分别追加 1 800 万美元和 2 000 万美元。IDG 资本一直是 A 公司的主要投资方。

(2) 高榕资本

高榕资本成立于 2013 年,管理着 3 只美元基金和 2 只人民币基金,是一家新兴的风险投资机构,管理的基金总额约 7 亿美元和近 10 亿元人民币,专注投资于高科技行业初创期和成长期企业。高榕资本的出资人包括全球领先的主权基金、美国顶级高校基金、全球知名的家族基金、欧洲皇室基金和养老基金、全球领先的母基金和亚洲顶级母基金等。高榕资本在 A 公司的 B

轮与C轮融资中进入，分别提供了890万美元和1 000万美元的风险投资。

（3）海银资本

海银资本成立于2008年，是一家专注于通信、信息技术与服务、移动互联网与服务、新媒体等领域的风险投资机构，重点对初创期及成长期的企业进行孵化和投资。海银资本管理的第一期基金是一只专注于移动互联网和广义信息技术领域的、为处于种子期和初创期的企业提供成长资本的机构化有限合伙制人民币天使基金。海银资本主要在B轮融资中提供风险资金，金额达到2 800万美元。

2. 融资阶段

（1）第一阶段

A公司成立之初，主要是由研发人员进行互联网系统的研发，公司完成产品原型设计并生产出系统样品。在测试版产品生产成功之后，市场上有消费者接受测试版产品，并为企业带来一定的现金流。第一阶段的公司已经完成可行的产品原型开发，未确定的技术风险较小，但商业化风险较高。2011年开始，公司步入正常的营业状态。为了消除整个海外运作过程中短期资金遇到的困难，确保现金流动性或满足改善财务结构的需求，并且支撑公司进行业务创新和产品系统研发，A公司引入第一轮海外私募股权的投资，资金来自IDG资本，资金总额为1 000万美元。获得A轮融资的A公司发展十分迅速，创始人皆为互联网行业的资深人士，从研发测试平台做起，迅速壮大，服务的客户包括阿里巴巴、腾讯、百度等，几乎涵盖了全部的手游上市公司和一线开发公司、众多的移动电商和发行商，以及移动金融与O2O（线上到线下）开发者，同时与ARM、英特尔、微软、谷歌、IBM等全球互联网巨头建立了密切的业务往来和合作关系。

（2）第二阶段

2014年，A公司已有稳定的盈利。根据年报，公司净利润为2 100万元人民币、同比增长120%，营业收入为2 800万元人民币、同比增长198.21%。同时，新的高管加入A公司，管理团队更加完备。随即，A公司获得B轮融资,由高榕资本、IDG 资本投资;并于 2015 年再次获得 B 轮融资,投资方为海银资本、高榕资本和 IDG 资本。B 轮融资系列共获得 5 490 万美元,B 轮融资由海银资本领投,高榕资本和 IDG 资本跟投。B 公司出让的股份变少,估值提高。在获得资金支持后,A 公司的业务开发更全面、更完善,拥有更多的客户,与战略合作伙伴建立了长期且稳定的合作关系。

(3) 第三阶段

即便 2016 年处于资本寒冬期,A 公司在 8 月仍然获得了 3 000 万美元的 C 轮投资,投资款项全部到账,投资方为境内美元基金。收入的增长前景、现金流预测或假设的合理性、关键的敏感性测试指标、资本支出需求以支持预期的收入增长、营运资本投资、非经营性现金流及税务状况等都在投资公司的考察范围内。优质的品牌、有专利保护的产品、强势的市场竞争地位、多样化产品等使公司的估值倍数增大,经过 C 轮融资后的公司估值高达 1.24 亿美元。

三轮风险投资给 A 公司提供了充足的资金支持,使其得以加大在产品升级和产品研发方面的投入,更加专注于为移动互联网创业者和“移动互联网+战略企业”的一站式开发者服务,提升整体产品体验水平。三轮融资的资金都被 A 公司用于实际运营,但美元资金投进的是香港离岸公司(C 公司),A 公司由 B 公司经 C 公司,将营业利润并入在海外注册的未来上市实体公司报表。VIE 架构不仅在早期帮助 A 公司完成私募融资,还为将来公司海外上市打下基础。

19.4 A 公司面临的困境与解决方案

1. 面临的困境

目前,国家有关监管部门正在积极调研和拟出台针对有关 VIE 架构的政策与法规,考虑到市场风险,如果处理不当,就很可能直接导致海外上市实体 D 公司未来在美国公开上市失利。此外,A 公司创始人在 VIE 架构的设计和安排方面,会涉及境内外不同的税收制度和法律规定,容易出现较多的法律漏洞,存在很大的法律隐患。股权的不明确性也是A公司自身的问题,自公司搭建设立VIE架构后,由于VIE架构的复杂性——涉及多家公司,运营实体(A公司)及外商独资公司(B公司)之间会发生大量的关联交易,因此在实际操作中会产生较大的税收负担。

2. 解决方案

现在被采用最多的解决此问题的方法就是拆除VIE架构。当下的互联网公司利用VIE架构在境外交易所上市交易的估值普遍不高,有的甚至低于净资产,拆除VIE架构,选择未来在中国A股上市也是公司未来做大做强的重要考虑和发展方向。由于在境内上市会显著提升公司品牌,因此A公司虽然在美国、中国香港等地都有客户,但主要市场仍在中国内地。当一家公司的业务都在境内时,其具体做法如下:

首要的是解决境外投资者退出的问题,需要双方达成协议。除此之外,还有诸多需要考虑的问题,包括后来的接盘资金、国内的基金能否衔接等。整个拆除VIE架构的执行流程必须精准地环环相扣,需要找到雄厚的资金支付给境外投资者,但是大多数公司的创始人和股东及公司本身都不具备这样的实力。解决的办法是,境内公司(A公司)在境内争取获得风险投资或者其他资金来源(如企业投资者或银行)的支持。

企业投资常常被小公司视为一个退出的机会。企业投资者看中小公司的产品或服务,从而决定予以收购,A公司则利用这笔新进入的战略性资金进一步扩大业务。

银行可以给A公司提供某种形式的担保贷款,从而成为A公司重要的外部融资来源。虽然银行不愿意提供资金给初创期的企业,但A公司可以凭借高估值和信誉从银行处获得有效的贷款资金。公司可以利用收购款来收购外商独资公司(B公司),并且偿还此前境外投资者的投资款,同时解除与B公司之间的VIE协议;但是,这笔资金数额巨大,想要在境内找到这么大的接盘基金并非易事。在收购B公司后,A公司还必须注销境外架构,境外投资者也可以通过境内平行基金来协助境内公司拆除VIE架构。

请思考

1. 互联网企业采用 VIE 架构融资的动因是什么？

2. 互联网企业采用 VIE 架构融资的风险有哪些？

3. 互联网企业拆除 VIE 架构会面临哪些问题？如何解决？

参考文献

[1] 鲁昕悦.暴风科技拆 VIE 架构回归及由此衍生的思考[J].时代金融,2016(03):132—133.

[2] 马俊丽,许瑶.协议控制(VIE)模式下的风险研究[J].金融经济,2016(02):116—118.

[3] 王娜.基于 VIE 模式的企业风险及对策分析[J].商业经济,2015(01):111—112.

[4] 张恩俊.VIE 结构在互联网企业应用研究:以阿里巴巴为例[J].财会通讯,2015(02):99—102.

20 新研股份：资本市场助力科研机构改制运营

摘要

新研股份是国内第一家成功上市的农牧机械制造企业，同时也树立了传统科研院所成功转型、顺应市场化潮流的典范。本案例重点介绍新研股份为何能顺利进行市场化融资，以及市场化融资给企业带来了哪些竞争优势和潜在风险。本案例对其他传统科研机构的变革提供了重要的借鉴。

20.1 一夜造富，新研股份上市带来机遇

2011 年 1 月 7 日，新疆机械研究院股份有限公司（以下简称“新研股份”）登陆创业板，成为新疆第二家创业板公司、国内首家科研院所改制后上市企业。当日发行价为 69.98 元/股，开盘后价格为 96 元/股，并始终在 100 元/股以上徘徊，最终收盘价为 106.62 元/股，涨幅达 52.36%，遥遥领先于当日其他创业板新股。新研股份该轮融资造就了五名亿万富翁，许多科研人员也一跃成为百万富翁甚至千万富翁。这让我们不禁思考，新研股份究竟有何魅力和魄力，不但开创了科研院所成功转型的先例，而且成为了在市场经济中较早尝到资本运作甜头的创新型企业？

20.2 成功背后的新研股份

新研股份的前身是新疆机械研究所。新疆机械研究所成立于 1960 年，在 2005 年改制为有限责任公司（以下简称“新研公司”），是新疆首批转制的科研机构之一。新研公司一直专注于中高端农牧机械产品，是以高附加价值、高技术含量、替代进口农牧机械产品为主导的高新技术企业，国家批准的创新试点企业，国家火炬计划重点高新技术企业，乌鲁木齐创新试点企业。新研公司占地总面积约 45 万平方米，拥有员工 1 800 余名，下辖新疆牧神机械、吉林牧神机械、山东牧神机械三个生产和研发基地。

2009 年 5 月 29 日，新研公司股东会决议整体变更设立股份有限公司。2009 年 6 月 17 日，新研公司 49 名股东共同签署了《股东（发起人）协议书》，通过了会议决议内容，并将新研公司净资产 46 580 953.12 元折为新研股份 2 400 万股，差额 22 580 953.12 元计入新研股份的资本公积。2009 年6 月 17 日，新研股份召开第一次股东大会。2009 年 7 月 21 日，新研股份在新疆维吾尔自治区工商行政管理局登记注册，注册资本为 2 400 万元。

1. 股东及股权结构

2018 年第四次临时股东大会的股权登记日(2018 年 7 月 3 日)登记在册的前十大股东持股情况如表 20-1 所示。

表 20-1 新研股份前十大股东持股情况

序号	股东	持股数量(股)	持股比例(%)	股权类型
1	周卫华	223 600 955	15.00	人民币普通股
2	韩华	124 026 360	8.32	人民币普通股
3	杨立军	80 438 103	5.40	人民币普通股
4	王建军	49 329 280	3.31	人民币普通股
5	嘉兴华控永拓投资合伙	40 316 254	2.71	人民币普通股
6	高新投资发展有限公司	40 272 121	2.70	人民币普通股
7	华澳国际信托有限公司	36 801 774	2.47	人民币普通股
8	卢臻	35 528 542	2.38	人民币普通股
9	什邡星昇投资管理合伙企业(有限合伙)	35 006 063	2.35	人民币普通股
10	中国平安人寿保险股份有限公司	25 514 480	1.71	人民币普通股

对表 20-1 进行分析,从个人角度来看:新研股份董事长、总经理周卫华持有 15%的股份,是新研股份最大的股东;明日宇航董事长韩华持有 8.32%的股份,是在新研股份与明日宇航实施资产重组之后的第二大股东。从公司角度来看:持股比例最大的还是新研股份(即周卫华),其次是明日宇航(即韩华),持股比例略低于新研股份;持股比例在 2%左右的公司有五家,以投资和信托企业为主。前十大股东持有股份总计 46%左右。

在股权结构方面,流通受限股份为 52 202.52 万股,已流通股份为 96 833.50 万股,总股本共计 149 036.02 万股;持股比例最大的为内资持股,占总股数的 30%左右(见表 20-2)。

表 20-2 新研股份的股权结构 单位：万股

项目	2018-06-30	2018-04-02	2017-12-31
总股本	149 036.02	149 036.02	149 036.02
流通受限股份	52 202.52	52 202.32	53 936.38
国有法人持股(受限)	—	—	—
其他内资持股(受限)	45 153.21	45 153.21	45 153.21
境内自然人持股(受限)	34 262.88	34 262.88	34 262.88
已流通股份	96 833.50	96 833.70	95 099.64
已上市流通 A 股	96 833.50	96 833.70	95 099.64
变动原因	定期报告	高管股份变动	定期报告

2. 企业发展历程

1960 年，新疆机械研究所成立。

1984 年，新疆机械研究所被列为首批自治区科技改革试点单位。

1997 年，新疆机械研究所变更为新疆机械研究院。

2000 年，新疆机械研究院转制为全民所有制企业。

2002 年，被批准为新疆农牧收获机械工程技术中心。

2005 年，改制为新疆机械研究院（有限责任公司）。

2007 年，被批准为新疆农牧机械科技成果转化基地。

2008 年，“牧神”系列农机产品被评为新疆名牌产品。

2009 年，整体改制为股份有限公司。

2011 年，成功登陆创业板，成为国内首家集研发、生产、销售为一体的农机上市公司（证券代码：300159）。

2012 年，公司乌鲁木齐生产基地二期、三期顺利扩建。

2014 年，公司与赤山集团签订设立合资公司协议，吉林新研牧神机械制造有限责任公司、山东海山机械制造有限公司先后成立。

2015 年，公司实施重大资产重组，成功收购明日宇航，形成农机、军工产品双主业发展的战略布局。

2016 年,新研股份通过 AAA 级标准化良好行为企业评审。

2017 年,吉林牧神机械制造有限责任公司荣获“吉林省 AAAAA 级诚信企业”称号。

2018 年,吉林牧神机械制造有限责任公司获批“新型职业农民培育实践实训基地”。

3. 全国产业布局

通过改制,新研股份从单一科研单位发展为集研发、制造、销售为一体的高新技术企业,形成一个总部、一个技术中心、一个营销公司、三个生产基地的农牧机械产业布局。总部和技术中心位于新疆乌鲁木齐;研发、生产基地分别位于新疆、山东和吉林;目前已形成农牧收获机械、耕作机械、农副产品加工及林果机械等六大类产品,客户遍布新疆、甘肃、内蒙古、东北、华北和华中等地区。

新研股份三大研发基地分别被新疆、山东、吉林授予“省级企业技术中心”称号,建有以新研股份为依托的“农牧机械关键技术与装备国家地方联合工程研究中心”和自治区批准的“新疆农牧收获机械工程技术研究中心”“新疆农牧机械研究成果转化基地”“产学研联合培养研究生示范基地”,形成了农牧机械开发、中试、熟化、批量生产的技术平台。

4. 市场定位清晰

新研股份一直致力于打造国内农牧机械行业的中高端品牌。公司制造的机械的质量与世界一流水平看齐,市场价格却远低于外资企业同类产品,力求为中国的广大农民提供兼具高性价比、高技术含量、高附加值的农牧机械。

总结新研股份在激烈的市场竞争中屹立不倒的经验可以得出,其优势有:一是与外资企业、进口机械相比,公司更能立足于国内市场,更能适应国情、政策的变化,适时做出相应改变,根据时代特点满足市场的不同需要;二是以中国农民为最主要的目标客户,深入了解客户的实际需求及购买力情况,以性价比高作为最大的卖点,从而打开市场并占据领先地位。

目前，新研股份产品在新疆的市场占有率达80%以上，其中系列玉米收获机、系列青贮饲料收获机、系列动力旋转耙在国内市场的占有率分别在20%、30%、30%以上，已发展成为我国具有较大影响力的科技型农机制造企业。

5. 注重技术研发

科研技术是新研股份的立根之本、活力之基。新研股份继承并发展了原科研院所的研发体系和创新传统，打造了高水平的研发平台和技术团队，建立了良好的管理机制，成为了注册资本14.8亿元、总资产92.28亿元的现代化大型装备制造企业。新研股份拥有员工1 800余名，其中大专学历以上人员占员工总数的72%，具有高级职称的专业技术人员150余名，享受国务院特殊津贴专家8名，研究员8名，教授级高级工程师40余名。新研股份在“十一五”期间累计承担省部级以上科研项目38项，现有15项科研成果处于国内领先水平，发明专利3项，实用新型专利55项，外观专利1项，企业标准14项，自治区科技进步二等奖3项，自治区科技进步三等奖1项，国家级重点新产品4项。

20.3 募集资金情况

截至2018年6月30日，新研股份共进行三次融资，包括IPO上市融资、资产重组融资、非公开发行公司债券融资。

1. IPO上市融资

经中国证监会《关于核准新疆机械研究院股份有限公司首次公开发行股票的批复》(证监许可〔2010〕1834号)核准，由主承销商(中国民族证券)采用网下询价配售与网上资金申购定价发行相结合的方式发行人民币普通股(A股)10 600 000股，发行价格为69.98元/股。截至2010年12月30日，新研股份实际已向社会公开发行人民币普通股(A股)10 600 000股，募集资金总额为741 788 000.00元。扣除承销费和保荐费40 007 280.00元后的募集资金为701 780 720.00元,减除已于2010年6月预付的保荐费2 000 000.00元、其他发行费用6 848 900.36元后,实际募集资金净额共计692 931 819.64元。新研股份对募集资金采取专户存储制度。

截至2018年6月30日,IPO上市融资募集资金的使用及结余情况如表20-3所示。

表20-3　2011—2012年新研股份募集资金的使用及结余情况　　单位:元

项目	募集资金专户发生情况
募集资金净额	692 931 819.64
减:2011年度募投项目支出	148 164 257.73
减:2011年度超募资金支出	309 411.09
减:2011年度闲置募集资金暂时补充流动资金	24 000 000.00
减:2011年银行手续费支出	1 005.07
加:2011年度专户利息收入	9 314 792.57
截至2011年12月31日专户余额	529 771 938.32
减:2012年度募投项目支出	7 090 772.28
减:2012年度超募资金支出	118 523 572.32

2. 资产重组融资

公司向周卫华、吴洋、新研股份(第一期员工持股计划)发行人民币普通股(A股)155 209 621股,发行价格为6.34元/股,发行募集资金总额为974 028 997.14元,扣除各项发行费用12 176 564.68元后,募集资金净额为961 852 432.46元,本次融资中421 600 000.00元用于支付现金对价,其余资金540 252 432.46元除支付相关费用外,将投资建设航空航天大型复杂结构件智能数字化车间。

截至2018年6月30日,资产重组融资募集资金的使用及结余情况如表20-4所示。

表 20-4 2015—2016 年新研股份募集资金的使用及结余情况 单位：元

项目	募集资金专户发生情况
募集资金入账金额	974 028 997.14
减：2015 年度募投项目支出	421 600 000.00
减：2015 年银行手续费支出	701.04
加：2015 年度专户利息收入	194 805.78
加：2015 年度自有资金转入	200.00
截至 2015 年 12 月 31 日专户余额	552 623 301.88
减：2016 年度募投项目支出	171 161 602.64
减：资产重组发行费用支出	2 176 564.68
减：2016 年银行手续费支出	1 290.54
减：2016 年度闲置募集资金暂时补充流动资金	250 000 000.00
减：转入基本户	409 917.44
减：结构性理财支出	100 000 000.00
加：2016 年度专户利息收入	3 683 187.31
截至 2016 年 12 月 31 日专户余额	32 557 113.89
加：归还于募集资金户的暂时补充流动资金	250 000 000.00

3. 非公开发行公司债券融资

2017 年 7 月 10 日，深圳证券交易所出具《关于对新疆机械研究院股份有限公司非公开发行公司债券挂牌转让无异议的函》，新研股份获批面向合格投资者非公开发行不超过 23 亿元的公司债券。2017 年 8 月 8 日，一期公司债券发行，发行金额为 4 亿元，债券期限为 3 年，债券简称“17 新研 01”。根据《新疆机械研究院股份有限公司 2017 年非公开发行公司债券募集说明书（第一期）》（以下简称《募集说明书》）约定，扣除发行费用后，募集资金净额为 397 200 000.00 元，将用于调整公司债务结构、补充营运资本等。

截至 2018 年 6 月 30 日，非公开发行公司债券融资募集资金的使用及结余情况如表 20-5 所示。

表 20-5　2017—2018 年新研股份募集资金的使用及结余情况　　单位:元

项目	募集资金专户发生情况
募集资金入账金额	397 200 000.00
减:子公司四川明日宇航工业有限责任公司补充流动资金	396 700 000.00
减:子公司新疆新研牧神科技有限公司补充流动资金	500 000.00
加:专户利息收入	14 426.75
减:银行手续费支出	15.00
截至 2017 年 12 月 31 日专户余额	14 441.75
加:专户利息收入	21.91
截至 2018 年 6 月 30 日专户余额	14 463.66

20.4　新改变带来新活力

1. 资本结构更加合理完善

通过上述三次融资,新研股份的净资产规模得以扩大,资产负债率大幅降低,从而在很大程度上增强了公司的实力及抵御风险的能力。在短期内,公司的流动资产将大幅增加,流动比率和速动比率将大幅提高,从而增强公司资产的流动性和变现能力以及公司的偿债能力。

2. 经营业绩逐步提升

新研股份在募集资金后,因将资金投入生产建设需要一段时间,故短期内对公司的营业收入和利润总额没有太大影响,但由于净资产大幅增加,净资产收益率可能会降低。当募集资金逐渐投入项目后,将会使公司形成更强的盈利能力,营业收入也将大幅增长,净资产收益率也会逐步上升。

3. 激发活力,促进创新

在传统科研院所模式下,以完成任务为主要目标,与市场严重脱节,远远落后于时代的发展,会阻碍技术的创新和进步。经过改制,新研股份直接与市场接轨,面向市场,反映市场的需求。公司自主经营、自负盈亏,为了在激烈的市场竞争中脱颖而出，必须具有敏锐的市场感知力、迅速的反应能力及强有力的技术支持。这种压力有利于激发公司的创新能力，促进技术创新、产品升级换代。

4. 优化资源配置，打造双引擎发展战略布局

由于传统科研机构受体制结构的制约，无法与同行业其他机构合并重组，因此存在大量重复性资产，导致资源浪费。通过改制上市，新研股份可以与其他企业进行资产重组，这不但有利于行业的融合发展，而且为优化资源配置提供了可能性。重组各方也能够在人才、市场、资源、技术等方面加强优势互补，提升协同效应。

2015 年，新研股份依托国家实施军民融合的发展战略，成功收购明日宇航，形成了农机、军工产品双主业。通过此次收购，新研股份实现了“由地入天”的愿景，将业务范围扩展至航空航天军工领域。一方面，明日宇航可以借助资本市场和上市公司的优势迅速发展；另一方面，新研股份可以提升自身在零部件开发、制造方面的水平，并引进新工艺、新材料，为公司的强势发展再添活力，实现多元化、多领域的发展目标，从而大大提升了盈利能力。

5. 科研工作者价值变现，利于人才引进

新研股份地处我国西北地区，地理位置偏僻。在改制以前，科研工作者任务重、压力大，付出的劳动与回报并不匹配，难以引进和留下更多的高科技人才。如今，经过市场融资、企业改制，科研工作者在获得应得薪酬的同时，还可以获得一定的股份。一方面，这更有利于增强员工的积极性、主动性和归属感，使其以更加热情的态度投入到工作中，为公司创造效益；另一方面，科研工作者的价值得到社会的认可，有利于提升其社会地位，营造知识型社会的良好风气，符合国家将科技进步放在社会发展首要位置的战略决策。

20.5 注重未来提升

1. 立足实业，不忘初心

企业利用上市融资等手段是为了吸收社会闲散资金，促进企业更好、更

快地发展。股东财富应由企业上市后的创新、制造能力所创造。如果财富并不是企业自身所创造的,而是由于不合理的发行制度,企业通过现有社会财富的体制性分配骤然暴富,就会有失市场经济和股市的公平原则。因此,新研股份在生产经营过程中应承担自己的社会责任,在国家政策的积极引导下把“蛋糕做大”,在回报股民、造福社会的同时实现自身的价值。

2. 继续加强研发创新能力

“科技是第一生产力”,新研股份必须牢牢记住这一点,把研发创新摆在发展战略全局的关键位置,进一步加大科技研发投入力度,不断改善研发环境和工艺技术研发水平,提高企业创新能力,缩短产品研发周期,降低不必要的研发成本,加强管理和技术团队建设,推动产品的升级换代。

请思考

1. 新研股份能够顺利上市融资的原因有哪些?
2. 市场融资给新研股份带来的优势和风险有哪些?
3. 新研股份上市融资案例对其他科研院所的改制和融资有何启示?

参考文献

[1] 林晟. 新研股份的发行定价与询价分析[R]. 安信证券研究中心,2010-12-19.
[2] 宋雨.新研股份并购明日宇航[J].农业机械,2015(3):51.
[3] 武聪颖,冉佳.揭开神秘面纱:窥探新研股份独特魅力[J].农业机械,2014(11):160—162.
[4] 新疆机械研究院股份有限公司 2010 年度权益分派实施的公告[R]. 2011-04-22.
[5] 新疆机械研究院股份有限公司首次公开发行股票并在创业板上市公告书[R].2011-01-05.
[6] 新疆机械研究院股份有限公司首次公开发行股票并在创业板上市招股说明书[R].2010-12-23.
[7] 新疆机械研究院股份有限公司投资者关系(2010-2011 年).http://www.xjjxy.com.cn/articles-Periodicreports/

21 璟泓科技股权质押融资

摘要

新三板于2013年12月31日面向全国接受企业的挂牌申请,为中小企业拓展了融资渠道。一直以来,新三板挂牌公司的首要融资方式是定向增发,2017年有892家公司实施定向增发融资共计904次,共增发2 355 410.27万股股票,募集资金1 238.36亿元。但定向增发的融资规模有限、流程烦琐,因而越来越多的公司采用股权质押融资。2017年有1 628家公司进行股权质押融资,共实施3 517次,质押6 896 049.40万股股票。股权质押融资是指股东向第三方质押所持有的股权以获取资金的融资方式。股权质押融资既可以不稀释股权,又可以盘活限售股、弥补抵押品的不足,同时在股权质押期间不影响投票权、表决权和收益权等。

21.1 璟泓科技基本情况

武汉璟泓万方堂医药科技股份有限公司于2005年成立，截至2017年12月31日，企业股本5 160万股，无限售股3 560万股，主要经营医疗诊断产品研发、生产及销售，属于国家高新技术企业，于2013年7月2日在北京挂牌新三板，股票简称“璟泓科技”，股票代码为430222。璟泓科技位于新三板创新层，也是首批43家由做市商提供报价的做市企业之一。璟泓科技位于武汉高新技术开发区，是华中地区最大的生物免疫快速诊断产品生产商和OEM（Original Equipment Manufacture，原始设备制造）提供商，拥有多项医疗器械产品注册证、数个国家专利及注册商标，承担若干国家技术创新项目、湖北生物产业发展项目，并且拥有自营进出口权、药品电商互联网B2C（Business-to-Customer，商对客）销售资质，产品在全国各地推广使用，也在全球销售。

璟泓科技2017年普通股前十大股东情况如表21-1所示。

表21-1 璟泓科技2017年普通股前十大股东

序号	股东名称	持股数量（万股）	持股比例（%）	持有限售股数量（万股）
1	王健斌	991.00	19.21	791
2	龚贻洲	891.90	17.28	780
3	武汉邦宜达投资咨询有限公司	364.66	7.07	0
4	天风证券股份有限公司做市专用证券账户	254.70	4.94	0
5	长江证券资产管理—工商银行—长江资产管理超越理财新三板1号集合资产管理计划	192.30	3.73	0
6	长安国际信托股份有限公司—长安信托—北辰新三板投资单一资金信托	190.40	3.69	0

（续表）

序号	股东名称	持股数量（万股）	持股比例（%）	持有限售股数量（万股）
7	武汉九通股权投资基金管理有限公司—武汉九通山河成长基金合伙企业（有限合伙）	150.00	2.91	0
8	包头市云恒投资有限公司	101.00	1.96	0
9	武汉光谷博润生物医药投资中心	100.00	1.94	0
10	杭州博水投资合伙企业（有限合伙）	100.00	1.94	0

资料来源：根据璟泓科技 2017 年度财务报告整理。

其中，王健斌出资设立的武汉科立伟业投资咨询有限公司（持股比例51%）是武汉邦宜达投资咨询有限公司的控股股东，持有其 55.85%的股权。

璟泓科技产品涉及生物医药和快速诊断产品，主要用于肿瘤和优生优育等方面的快速检测、血糖和胎心等床边诊断、B 超和 DR 等医疗影像设备等领域。璟泓科技旗下有武汉璟泓万方堂大药房连锁有限公司、深圳璟泓医疗科技有限公司、武汉凯进医疗技术有限公司、深圳睿迪医疗器械有限公司等。

璟泓科技 2017 年收入构成如表 21-2 所示。

表 21-2　璟泓科技 2017 年收入构成

类别/项目	本期收入金额（万元）	占营业收入比例（%）
诊断试剂	7 651.52	34.05
诊断仪器	2 815.65	12.53
医学影像	1 298.95	5.78
药房药品	3 287.21	14.63
药房其他	6 527.61	29.05
其他	889.85	3.96
总计	2 2470.79	100.00

资料来源：根据璟泓科技 2017 年度财务报告整理。

21.2 璟泓科技股权质押融资

《中华人民共和国公司法》明确规定股东可以进行股权转让,股份可以转让是进行股权质押融资的基础。《全国中小企业股份转让系统业务规则(试行)》则将新三板挂牌公司的股票分成两种:限售股和非限售股。《中华人民共和国物权法》明确规定债务人或第三人有权处分的以下权利可以出质:可以转让的基金份额和股权。同时,在《中国结算上海分公司投资人PROP 证券质押登记业务指南》的相关规定及实际操作中,很多限售股被质押。因此,新三板挂牌公司的股票,无论是非限售股还是限售股都是可以被质押的。

璟泓科技 2013 年在新三板挂牌之后陆续进行过八次股权质押融资,募集资金的主要用途是为公司借款作担保,融资成本、资金具体投向等信息并没有披露。这八次质押的股份均为限售股,质权人与质押公司股东均不存在关联关系。

璟泓科技的八次股权质押融资中,质权人有五次为银行,其余为一般公司,这也与整个新三板股权质押融资交易中质权人的参与情况相符。八次股权质押融资中的五次已顺利解押,有两次还未到期,2015 年 7 月的股权质押融资已于 2016 年 7 月 8 日到期,但截至 2018 年 3 月 1 日尚未解押。

八次股权质押融资情况如表 21-3 所示。

表 21-3 璟泓科技新三板挂牌后股权质押融资情况

公告日期	质权人	质权人类型	质押股数(万股)	获得资金(万元)	质押起始	质押截止	解押日期
2014-03-12	武汉光谷风险投资基金	一般公司	980	650	2013-10-28	2014-02-27	2014-03-7
2014-05-16	湖北东金融资担保	一般公司	980	500	2014-03-28	2015-01-20	2014-05-13

（续表）

公告日期	质权人	质权人类型	质押股数（万股）	获得资金（万元）	质押起始	质押截止	解押日期
2015-05-15	湖北中企投资担保	一般公司	991	700	2014-04-9	2015-04-14	2015-05-12
2015-06-16	华夏银行武汉光谷科技支行	银行	980	500	2014-05-13	2015-04-12	2015-06-12
2015-07-11	中国工商银行武汉光谷科技支行	银行	575	1 000	2015-07-09	2016-07-08	—
2017-01-11	汉口银行科技金融服务中心	银行	200	综合授信敞口3 000	2017-01-6	2020-01-6	—
2017-04-22	汉口银行科技金融服务中心	银行	500	综合授信敞口5 000	2017-04-19	2020-04-19	—
2017-04-22	汉口银行光谷分行	银行	500	综合授信敞口5 000	2016-03-14	2017-03-13	2017-04-19

资料来源：根据 Wind 数据库整理。

虽然璟泓科技在八次股权质押融资中没有公布所支付的相关费用和利息成本，但利率一般是在中国人民银行同期贷款利率的基础上上浮 10%—30%。新三板挂牌公司在融资时主要采用定向增发和股权质押融资形式，而这两种融资方式璟泓科技在挂牌后均采用过。相比于定向增发，股权质押融资的操作流程更简便，在实际操作中所需时间也短，而且经常建立借贷关系的质权方再次提供资金所需时间可能会更短。定向增发则面临证监会审批和发行认购两项重大的不确定性。因此，股权质押融资更适合中小企业短、小、频、急的融资特点。另外，股权质押融资为债权融资，存在税收挡板效应，而股权质押融资方式可以盘活企业限售股，且股权质押融资所获资金使用起来较为自由，也不存在稀释股份的风险。在定向增发融资中要支付的有信息披露费、中介费、宣传费等，一般为募集资金的3%—6%。由于新发行股票，股东原有的股票份额会被稀释，可能影响股东控制权及公司稳定，也可能使股权价值被低估。综上所述，股权质押融资在融资效率和效果方面既有优势也有劣势。

21.3 新三板股权质押融资

2001年，代办股份转让系统成立，简称“三板”，它为退市后的上市公司股份提供继续流通的场所，也解决了原STAQ（全国证券交易自动报价系统）、NET（为证券市场提供证券的集中交易、报价、清算、交割、登记、托管和咨询等服务）系统历史遗留的数家公司法人股流通问题。2006年，中关村科技园非上市股份公司进入三板进行转让，因为它们都是高科技企业但不同于原三板，故称“新三板”，全称为全国中小企业股份转让系统。2012年，新三板扩大非上市股份公司股份转让试点。2013年12月31日起，新三板面向全国接收企业挂牌申请，不限于试点地区。2015年7月，新三板升级为“场内交易市场”。2017年12月22日，全国中小企业股份转让系统发布相关文件，将原来的协议转让统一调整为集合竞价，新系统于2018年1月15日上线，挂牌公司的交易方式改为做市转让和集合竞价转让。企业进入新三板挂牌的要求不高，因而新三板扩容后挂牌企业数量明显增加。2013—2017年挂牌企业总数分别为356家、1 572家、5 129家、10 163家和11 631家，2017年挂牌数量相比2013年翻了五番（即2^5）。

新三板挂牌企业在各方面都不太成熟，虽优于一般未在新三板挂牌的企业，但总体而言在公司治理、财务信息、信息披露及资金流动性等方面不及主板上市公司。由于在新三板挂牌的中小企业多处于成长期，因此需要大量的资金满足其扩大生产、投资固定资产等需求，面临的成长风险相较于成熟的主板上市公司也要大一些。新三板挂牌企业多处于成长初期，各方面的制度仍在逐步完善当中，并逐渐从不规范向规范化发展。由于中小企业在新三板挂牌必须满足新三板对信息披露的要求,虽然不如对主板上市公司的要求严格,但必须定时公告并保证数据的真实性。

股权质押融资能充分弥补新三板流动性不足的缺陷,因而自 2013 年股权质押融资方式在新三板首次出现以来快速增长。2017 年新三板共实施 3 517次股权质押,为 2014 年的近 13 倍;2017 年质押股数 6 896 049.40 万股,是 2014 年质押股数的 24 倍左右。由此可见,股权质押融资拥有很大的市场规模。依据证监会对新三板挂牌公司的行业分类,2014—2017 年参与新三板股权质押融资的行业前三位几乎没有太大变化,软件和信息技术服务业一直处于首位,计算机、通信和其他电子设备制造业四年中有两年处于第二位,电气机械及器材制造业和专用设备制造业有两年处于第三位,其他各行业股权质押融资次数也在增长。

新三板企业股权质押融资的具体操作流程如下:

第一步:了解出质人及拟质押股权的有关情况。仔细审查有限责任公司章程中是否有禁止股东进行股权质押以及时间上的特殊规定;在公司章程中核实出质人的身份名称、出资方式、金额等相关信息,以及出质人应出具对拟质押股权未重复质押的证明;出质人应提供会计师事务所对股权出具的验资报告;出质人的出资证明书。

第二步:出质人的股权必须有公司股东过半数以上同意出质的决议。

第三步:出质人签订股权质押合同,并将出资证明书交给质权人。

第四步:将"该股权已经质押,不能再转让和重复质押股权"注明在公司章程中,记载于股东名册内,并到工商行政管理部门办理股权出质登记。

在股权质押过程中,新三板企业需提供的文件和材料涵盖:申请人签署的《股权出质设立登记申请书》;记载有出质人姓名(名称)及其出资额的有限责任公司股东名册复印件,或者出质人持有的股份公司股票复印件,两者均需加盖公司印章;质权合同;出质人、质权人的主体资格证明或者自然人身份证明复印件(出质人、质权人属于自然人的由本人签名,属于法人的加盖法人印章);申请股权出质注销登记,应当提交申请人签字或者盖章的《股权出质注销登记申请书》;指定代表人或者共同委托代理人办理的,还应当提交申请人指定代表人或者共同委托代理人的证明。

新三板股权质押融资涉及的相关法律条文包括:《中华人民共和国担保法》规定,以有限责任公司的股份出质的,适用公司法股份转让的有关规定。《工商行政管理机关股权出质登记办法》规定,申请股权出质设立登记,应当提交的材料有申请人签字或者盖章的《股权出质设立登记申请书》;记载出质人姓名(名称)及其出资额的有限责任公司股东名册复印件或者出质人持有的股份公司股票复印件(均需加盖公司印章)、质权合同;出质人、质权人的主体资格证明或者自然人身份证明复印件(出质人、质权人属于自然人的由本人签名,属于法人的加盖法人印章);国家工商行政管理总局要求提交的其他材料。《中华人民共和国物权法》规定,质权自工商行政管理部门办理股权出质登记时设立。

若申请挂牌公司在挂牌前办理了股权质押贷款,股权尚处于质押状态,是否会对企业挂牌造成影响?已质押的股份应如何办理股份登记?质押股份的限售及解除限售有无特殊规定?

首先,《全国中小企业股份转让系统股票挂牌条件适用基本标准指引(试行)》规定,申请挂牌公司股权应结构明晰、权属分明、真实确定、合法合规,股东特别是控股股东、实际控制人及其关联股东或实际支配的股东持有的公司股份不存在权属争议或潜在纠纷。在挂牌前,申请挂牌公司的股东可为贷款提供股权质押担保,贷款用途为公司日常经营,履行公司决议程序,订立书面质押合同,依法办理出质登记。只要不存在股权纠纷和其他相关争议,原则上不会影响公司挂牌。对于存在股权质押情形的,申请挂牌公司应在《公开转让说明书》中充分披露。

其次,《中国结算北京分公司证券发行人业务指南》规定,质押冻结或司法冻结的股份在办理股份初始登记时,除须提供常规申报材料外,还须提供质押冻结或司法冻结的相关材料。其中,司法冻结的应提供协助执行通知书、裁定书、已冻结证明等材料及复印件,质押冻结的应提供质押登记申请书、双方签字的已生效的《质押合同》、质押双方有效身份证明文件、已冻结证明等材料及复印件。在完成证券登记后，中国结算北京分公司根据发行人的申请办理相关质押冻结、司法冻结手续，即申请挂牌公司应先完成股份初始登记(包括股份首批解除限售)，取得《股份登记确认书》后，再申请办理质押冻结、司法冻结手续。

最后，质押冻结股份的限售及解除限售应按照《中华人民共和国公司法》及《全国中小企业股份转让系统业务规则(试行)》的规定办理。满足解除限售条件的质押冻结股份，可办理股份解除限售。《中国结算北京分公司证券发行人业务指南》规定，当解除限售涉及被冻结股份的，被冻结股份不可分拆，只能作为一个整体办理解除限售。

在股权价值波动方面，正常上市公司的日涨跌幅上限是10%，ST公司的日涨跌幅上限是5%，而新三板挂牌公司一般无限制，只在原协议转让中规定日涨跌幅限额为-50%—200%。新三板挂牌公司的股权价值可能在一天中产生较大波动，因此新三板挂牌公司股权价值波动下的市场风险可能大于主板上市公司。在股份流动性方面，主板上市公司的股份流动性较好，而新三板挂牌公司相对来说要差一些。新三板挂牌公司交易量有限，因而相较于主板上市公司，新三板挂牌公司可能面临较大的由交易量不足引起的股权处置风险。同时，由于新三板挂牌公司在公司治理、信息披露等方面均不如主板上市公司，出质人信用缺失下的道德风险也要大于主板上市公司。

请思考

1. 相较于定向增发，新三板企业股权质押融资的优势主要体现在哪些方面？

2. 新三板企业股权质押融资的风险主要体现在哪些方面？

参考文献

[1] 股权质押成为新三板重要融资渠道,微信公众号:投资并购新三板,2016-08-22.

[2] 刘信兵.民营上市公司股权质押融资主要动因、风险隐患及政策建议[J].金融经济(理论版),2016(12):155—156.

[3] 新三板融资系列一:企业如何进行股权质押? 蓝鲸财经,2017-03-13.